Les Éditions du Boréal
4447, rue Saint-Denis
Montréal (Québec) H2J 2L2
www.editionsboreal.qc.ca

Papineau

DES MÊMES AUTEURS

Pierre Vadeboncoeur, *Une tradition d'emportement. Écrits (1945-1965)*, choix de textes et présentations par Yvan Lamonde et Jonathan Livernois, Québec, Presses de l'Université Laval, 2007.

Yvan Lamonde et Jonathan Livernois (dir.), *Culture québécoise et valeurs universelles*, Québec, Presses de l'Université Laval, 2010.

Yvan Lamonde et Jonathan Livernois

Papineau
Erreur sur la personne

Boréal

© Les Éditions du Boréal 2012
Dépôt légal : 3ᵉ trimestre 2012
Bibliothèque et Archives nationales du Québec

Diffusion au Canada : Dimedia
Diffusion et distribution en Europe : Volumen

*Catalogage avant publication de Bibliothèque et Archives nationales du Québec
et Bibliothèque et Archives Canada*

Lamonde, Yvan, 1944-

    Papineau : erreur sur la personne

    Comprend des réf. bibliogr. et un index

    ISBN 978-2-7646-2199-8

    1. Papineau, Louis Joseph, 1786-1871 – Pensée politique et sociale. 2. Québec (Province) – His-
toire – 1791-1841. 3. Canada – Histoire – 1841-1867. 4. Québec (Province) – Historiographie. I. Livernois, Jonathan, 1982- . II. Titre.

FC451.P36L36   2012   971.03'8092   C2012-941280-5

ISBN PAPIER 978-2-7646-2199-8
ISBN PDF 978-2-7646-3199-7
ISBN ePUB 978-2-7646-4199-6

Introduction

Le 11 septembre 1995, Jacques Parizeau, élu premier ministre du Québec un an auparavant, présentait à l'Assemblée nationale la question référendaire portant sur la souveraineté du Québec et sur une offre de partenariat avec le Canada. L'événement, solennel, a nécessité un rappel du chemin parcouru depuis la Nouvelle-France. Il va sans dire que le *terminus ad quem* en était l'indépendance nationale, qui ouvrirait une nouvelle période de la vie québécoise.

Louis-Joseph Papineau est évoqué dans le discours du premier ministre :

> C'était d'abord un Parlement qui, sans être doté de tous les pouvoirs démocratiques, loin de là, donnait une voix aux volontés des Québécois, une voix que Louis-Joseph Papineau a fait entendre ici, élu et réélu au début du siècle dernier par une vaste coalition de Québécois francophones et anglophones. Il tenta de créer ici un État moderne pour cette époque, autonome, respectueux des minorités et ouvert sur le monde, y compris sur le monde britannique. En réclamant le gouvernement responsable pour la colonie québécoise, il voulait ce qu'on appelle aujourd'hui la souveraineté. En réclamant son maintien dans l'empire britannique, il propo-

sait une forme d'association économique et politique qu'on appelle aujourd'hui le partenariat. Mais les forces du statu quo allaient l'en empêcher, opposant la force à la volonté démocratique des Québécois. Que de temps perdu dans l'intervalle, que d'énergie gaspillée à cause du refus britannique de reconnaître les Québécois comme distincts, à cause du refus de les traiter d'égal à égal[1].

Non seulement les propos de Jacques Parizeau attachent solidement les fils du passé à ceux de l'avenir souhaité, mais encore et surtout ils nourrissent et reproduisent des télescopages historiques, formés d'anachronismes et d'inexactitudes. Louis-Joseph Papineau voulait donc la souveraineté ? Certes, Jacques Parizeau ne serait pas le premier à le dire : en 1962, dans « La nouvelle trahison des clercs », Pierre Elliott Trudeau parlait du « temps de Papineau et des patriotes » comme d'une « aventure indépendantiste[2] » ; en 1968, l'historien Maurice Séguin écrivait que « Papineau [...], revenu de l'exil, [avait demandé] le rappel de l'Union, donc la séparation[3] » ; en 1979, Gérald Godin évoquait la filiation entre

---

1. Jacques Parizeau, « Proposition du premier ministre visant l'adoption d'une question référendaire portant sur la souveraineté du Québec et sur une offre de partenariat avec le Canada », 11 septembre 1995, disponible sur le site Internet de l'Assemblée nationale du Québec : www.assnat.qc.ca/archives/Archives-35leg1se/fra/Publications/Debats/journal/ch/950911.htm#950911016 (consulté le 6 septembre 2011).

2. Pierre Elliott Trudeau, « La nouvelle trahison des clercs », *Cité Libre*, vol. 13, n° 46, avril 1962, p. 9.

3. Maurice Séguin, *L'Idée d'indépendance au Québec. Genèse et historique*, Trois-Rivières, Boréal Express, coll. « 17/60 », 1968, p. 43.

Louis-Joseph Papineau et le Parti québécois[4]. Bref, en parlant d'un Papineau souverainiste, le premier ministre, malgré l'anachronisme du qualificatif, posait le problème qui est au centre du présent ouvrage : qu'en était-il des visées démocratiques de Papineau, le grand émancipateur de 1815 à 1838, pendant son exil et après son retour, en 1845 ?

Le fait que Jacques Parizeau rattache l'idée de partenariat à celle d'indépendance chez Papineau laisse perplexe : si ce dernier a longtemps admiré les institutions britanniques, il s'en est aussi progressivement détaché au milieu des années 1820. Ce qu'on peut lire dans son *Adresse* d'octobre 1837 ne donne pas à penser que le chef patriote envisageait le maintien de la nouvelle république dans l'Empire britannique. Il lorgnait plutôt du côté des institutions américaines. Pourquoi une telle distorsion historique de la part de Parizeau ? On peut croire que le « partenariat » que Papineau aurait prétendument proposé à l'Empire britannique venait donner du relief à celui que le gouvernement du Parti québécois proposait aux citoyens en ce mois de septembre 1995. On vient chercher du renfort dans un passé qui n'existe pas.

À ce péché somme toute véniel s'en ajoute un second, mortel : « En réclamant le gouvernement responsable pour la colonie québécoise, il [Papineau] voulait ce qu'on appelle aujourd'hui la souveraineté. » Comment la réclamation d'une liberté parlementaire coloniale peut-elle être considé-

---

4. Gérald Godin, « La démocratie venue du Sud », *Le Devoir*, 13 décembre 1979, p. 5, repris dans *Écrits et Parlés I*, vol. 2 : *Politique*, édition préparée par André Gervais, Montréal, L'Hexagone, 1993, p. 204.

rée comme la volonté de souveraineté d'un peuple ? Si l'on
suit le raisonnement de Jacques Parizeau, le Québec serait
souverain depuis au moins 1848 (année de l'obtention définitive du gouvernement responsable), et Louis-Hippolyte
LaFontaine (1807-1864) serait devenu le héros de notre indépendance. L'histoire coloniale du Québec serait achevée
depuis cent cinquante ans, ce qui rendrait sans objet le réfé-
rendum du Parti québécois.

Si le raisonnement de Parizeau cloche, c'est notamment
parce que la prémisse est fausse : *Louis-Joseph Papineau n'a
jamais réclamé, de manière claire et affirmée, le gouvernement
responsable*. Certes, dans son *Adresse* d'octobre 1837, il y a des
formules ambiguës : l'éducation et les mœurs américaines
« demandent un système de gouvernement entièrement
dépendant du peuple et qui lui soit directement responsable » ; on évoque « l'insupportable fardeau d'un exécutif
irresponsable sous la direction d'un chef ignorant et hypo-
crite » ; on invite « tous nos concitoyens dans toute la province à unir leurs efforts aux nôtres afin de procurer à notre
commune patrie un système de gouvernement bon, peu dis-
pendieux et responsable[5] ». Le 1er juin 1837, à l'assemblée de
Sainte-Scholastique, Papineau avait été encore plus clair :
« Persistons à demander un conseil législatif électif, un gouvernement responsable, l'abolition de la compagnie des terres
si haïssable et si haïe, le contrôle par les Représentants de
notre argent ; insistons sur ce que les officiers publics soient

---

5. « Adresse de la Confédération des Six Comtés au peuple du
Canada », dans Jean-Paul Bernard (dir.), *Assemblées publiques, résolutions et déclarations de 1837-1838*, Montréal, VLB, 1988, p. 278, 279 et
285.

nos serviteurs, comme ils le sont et doivent l'être, et non pas nos maîtres comme ils le prétendent et le veulent ; et justice nous sera rendue, ou nous nous la ferons[6]. »

En décembre 1834, il parlait déjà de la nécessité d'un « gouvernement local, responsable et national [...] quant aux règlements de ses intérêts locaux, avec une autorité de surveillance dans le gouvernement impérial, pour décider de la paix et de la guerre dans des relations de commerce avec l'étranger[7] ». Cela dit, et mis à part l'appel de l'assemblée de Sainte-Scholastique qui est plutôt atypique, il faut entendre ces appels au gouvernement responsable au sens d'une volonté générale de « responsabiliser » le gouvernement, de le ramener à la hauteur des citoyens desquels il doit recevoir ses mandats.

Papineau n'évoque pas ni ne réclame un gouvernement responsable de type britannique dans lequel le chef du parti qui fait élire le plus de députés est invité par le souverain à diriger le pays et à nommer les ministres de son cabinet. À preuve, dans son discours à l'assemblée des Six Comtés, Papineau parle d'un « système responsable » pour la république américaine, laquelle n'a jamais appliqué le concept britannique de gouvernement responsable. Dans le discours de

---

6. Louis-Joseph Papineau, « Assemblée de Sainte-Scholastique (comté des Deux-Montagnes) », 1er juin 1837, repris dans *Louis-Joseph Papineau, un demi-siècle de combats. Interventions publiques,* choix de textes et présentation d'Yvan Lamonde et Claude Larin, Montréal, Fides, 1998, p. 452.

7. Louis-Joseph Papineau, « Aux libres et indépendants électeurs du Quartier-Ouest de Montréal », 3 décembre 1834, repris dans *Louis-Joseph Papineau, un demi-siècle de combats,* p. 325.

Jacques Parizeau, qui met justement l'accent sur le respect du modèle britannique, le gouvernement responsable semble bel et bien compris comme un concept clé de son parlementarisme, système dont le premier ministre ne voudrait d'ailleurs pas se défaire après la naissance éventuelle d'une république québécoise. Dans son récent essai *La Souveraineté du Québec*, il écrivait en ce sens :

> Les Québécois n'ont pas la fibre monarchique. Le passage à la république se fera, je pense, sans heurts comme si cela allait de soi, ce qui veut donc dire que le représentant de la reine sera remplacé par un président. [...] Autrefois, les souverainistes ont beaucoup discuté de ces questions. Le système français, en particulier, symbolisé par la grande figure du général de Gaulle, exerçait beaucoup d'attrait, alors que le seul fait qu'on désigne notre vieux système comme britannique lui donnait comme quelque chose de péjoratif. Les années ont passé. Je pense que les Québécois qui s'intéressent à ces choses sont plus portés à corriger le système dans lequel ils vivent qu'à le changer. Et quant à moi, je pense depuis toujours qu'un régime imparfait qu'on connaît bien et qu'on peut amender vaut mieux que la recherche d'une perfection que l'on prend des années à apprivoiser. Les Français ont montré, à cet égard, une remarquable versatilité. Depuis 1791, ils ont réussi à passer à travers cinq républiques, deux empires et deux monarchies. Cela leur donne une capacité d'adaptation que nous ne pourrons jamais imiter. Aussi bien rester avec ce que l'on connaît[8].

---

8. Jacques Parizeau, *La Souveraineté du Québec. Hier, aujourd'hui et demain*, Montréal, Michel Brûlé, 2009, p. 152-153.

Papineau ne buvait pourtant pas de cette eau anglaise. Comme nous l'avons écrit ailleurs, « pour le républicain Papineau, la responsabilité politique ne viendra pas d'abord de la formule britannique du gouvernement responsable mais du respect de la souveraineté populaire déléguée dans et à la Chambre d'assemblée et déléguée dans et à un Conseil législatif élu. Alors le gouverneur devrait tenir compte du poids populaire des deux Chambres et du coup, ces trois instances seraient responsables[9] ». La convocation de Papineau tient donc du travestissement. Le chef patriote cherchait une sortie vers le républicanisme américain ; selon Jacques Parizeau, il a voulu maintenir les liens avec l'empire. Papineau était un républicain ; Parizeau le considère comme un tenant précoce de la souveraineté-association. Il y a erreur sur la personne. Papineau n'a pas souhaité le gouvernement responsable à la britannique. Cette méprise est-elle importante ou n'est-elle qu'une erreur d'appréciation de la part d'un homme politique traçant à grands traits l'histoire de son pays ? Chose certaine, cette erreur historique est encore largement répandue : on l'enseigne, on la commémore, on l'écrit. Des historiens, des hommes politiques et des commentateurs de la vie politique québécoise la relaient. Peu importe leur allégeance, d'ailleurs. D'un côté, des fédéralistes croient que les revendications de Papineau — qu'ils réduisent à l'exigence d'un gouvernement responsable — ont trouvé leur réponse dans la conciliation et la collaboration de Louis-Hippolyte LaFontaine, dont la victoire est justement l'obtention du gouverne-

---

9. Yvan Lamonde, *Histoire sociale des idées au Québec*, vol. 1 : *1760-1896*, Montréal, Fides, 2000, p. 270.

ment responsable, de manière définitive, en 1848. À quoi bon les gestes de violence et de rupture ? La voie pacifique, qui trouve son aboutissement dans un pacte confédératif, permet d'obtenir ce que la révolte n'a jamais pu donner. De l'autre côté, des souverainistes, soucieux de ne pas réveiller les épouvantails de la violence, laissent entendre que Papineau tenait aux liens avec l'Angleterre[10]. Convoquer de nouveau l'idée du gouvernement responsable permet de « pacifier » son image, d'en faire un homme plus près de ces nouveaux héros du XXIe siècle que sont les réformistes du milieu du XIXe siècle — nous examinerons plus loin ce fabuleux retour en grâce de LaFontaine et des réformistes. On obtient le respect par à-coups : voilà le message des réformistes (qui ont gagné la reconnaissance de la langue française à l'Assemblée, voté l'amnistie des patriotes en exil, permis le dédommagement controversé des victimes des Rébellions et obtenu le gouvernement responsable) qui permet de mieux comprendre ce qui sous-tend la « gouvernance souverainiste » de Pauline Marois. On le voit bien : l'erreur historique n'a rien d'anodin et a une portée extraordinaire. Il est nécessaire de corriger le tir.

Dans cette étude qui a un pied dans l'essai et l'autre dans l'histoire intellectuelle et politique, nous pourrions facilement être mal à l'aise. Nous faisons pourtant le pari de danser un peu, pour voir. Il faut d'abord établir la fortune de l'erreur historique, dégager les raisons de sa consolidation au fil des

---

10. Les indépendantistes des années 1930 concevaient aussi l'indépendance sans rupture des liens avec l'Empire, comme un État libre d'Irlande. Voir Yvan Lamonde, *La Modernité au Québec*, vol. 1 : *La Crise de l'homme et de l'esprit, 1929-1939*, Montréal, Fides, 2011, p. 148.

années, de Lord Durham (1792-1840) jusqu'à André Pratte (né en 1957). On aura l'occasion de constater qu'au fil du temps la méprise a pu être profitable à plusieurs intellectuels, historiens et politiciens. Avant d'en tirer des conclusions générales, nous retournerons à la pensée de Papineau : pourquoi, au fait, s'opposait-il au gouvernement responsable ? Ses arguments permettent-ils de comprendre les raisons pour lesquelles on a cherché à le rattacher, lui, le républicain en quête d'une république, à cette formule britannique ?

Permettent-ils de saisir l'ampleur de la distorsion historique ? C'est peut-être là le plus grand défi de notre étude : montrer toutes les conséquences de l'erreur, faire voir qu'elle a une incidence sur quelques blocages de la société québécoise, à moins qu'elle n'en soit plutôt une manifestation subreptice. En bout de piste, nous serons à même de saisir le sens d'une mémoire plus adéquate de Louis-Joseph Papineau. Qu'est-ce que la fortune mémorielle de Papineau permet de comprendre du Québec contemporain ? Vaste question. Disons que ce livre est aussi un coup de semonce.

CHAPITRE PREMIER

Fabriquer l'erreur avant 1950

L'erreur commence avec Lord Durham. Dans son fameux *Report on the Affairs of British North America* de 1839, il semble y avoir une sorte de contradiction, mineure, du moins au premier abord : « Donc, depuis le commencement jusqu'à la fin des disputes qui jalonnent toute l'histoire parlementaire du Bas-Canada, je considère la conduite de l'Assemblée comme une guerre perpétuelle avec l'exécutif pour obtenir les pouvoirs propres à un corps représentatif selon la nature même du gouvernement représentatif[1]. » Pourtant, plusieurs pages plus loin, Durham distingue les revendications des réformistes du Haut-Canada de celles des patriotes bas-canadiens, montrant que les premiers s'attaquèrent à la composition du Conseil exécutif tandis que les seconds s'en prirent au Conseil législatif[2]. Qu'est-ce à dire ? Tout se passe

---

1. John George Lambton Durham, *Le Rapport Durham*, traduction et introduction de Denis Bernard et Albert Desbiens, Montréal, Typo, 1990, p. 113.

2. « *The Assembly of Lower Canada attacked the Legislative Council; a body, of which the constitution was certainly the most open to obvious theoretical objections, on the part of all the advocates of popular institutions, but, for the same reason, most sure of finding powerful defenders at*

comme si les problèmes (une lutte avec le Conseil exécutif, à en croire Durham) avaient été mal compris par ceux qui les vivaient (les membres de la majorité à la Chambre d'assemblée du Bas-Canada), ceux-ci étant occupés à demander autre chose (le Conseil législatif élu) que la solution (la responsabilité ministérielle). À moins que la détermination du problème colonial ne participe plutôt d'une sorte de pétition de principe : à partir d'une des solutions que le rédacteur du rapport préconise, à savoir l'obtention par les colonies du gouvernement responsable[3], il invente un problème sur mesure, c'est-à-dire des tiraillements entre les membres de la Chambre d'assemblée et ceux du Conseil exécutif. Gérard Filteau (1906-1986), dans son *Histoire des Patriotes*, proposera une explication analogue pour tout le rapport[4].

---

home. *The reformers of Upper Canada paid little attention to the composition of the Legislative Council, and directed their exertions to obtaining such an alteration of the Executive Council as might have been obtained without any derangement of the constitutional balance of power ; but they well knew, that if once they obtained possession of the Executive Council, and the higher offices of the Province, the Legislative Council would soon be unable to offer any effectual resistance to their meditated reforms.»* Lord *Durham's Report on the Affairs of British North America,* édition et introduction de Sir C. Lucas, Oxford, Clarendon Press, 1912, p. 150-151.

3. *Ibid.,* p. 277-278.

4. « Son enquête n'avait pas pour but de trouver la vraie cause du mal et y apporter les remèdes appropriés ; au contraire, le remède était trouvé d'avance ; l'enquête ne servait qu'à trouver des prétextes à justifier l'emploi du médicament. En réalité, tout le rapport n'a été rédigé qu'en vertu des conclusions. Ces conclusions vont fournir un terrain d'entente au réformiste et à l'impérialiste et de cette rencontre va sortir un nouveau personnage, Machiavel-Durham. » (Gérard Filteau, *His-*

Chose certaine, il est difficile de croire que les politiciens bas-canadiens aient mal compris leur propre situation ou qu'ils étaient ignorants des ressources de leurs institutions. Plusieurs historiens aiment à rappeler qu'en 1807 l'idée du gouvernement responsable, sous une forme primitive ou hybride (« un Conseil exécutif à deux composantes, qui eût été formé d'un groupe de conseillers du gouverneur et d'un groupe choisi parmi les leaders de la majorité à l'Assemblée[5] »), avait été évoquée par Pierre-Stanislas Bédard (1762-1829), chef du Parti canadien. En août 1833, cette idée de gouvernement responsable avait aussi été préconisée par Étienne Parent (1802-1874) dans plusieurs articles parus dans le journal *Le Canadien*. Elle fut en outre retenue par des membres de la majorité à l'Assemblée législative pendant un certain temps (vers 1835), même si cette revendication, du moins pour Louis-Joseph Papineau et son fidèle allié, le député de

---

toire des Patriotes, introduction de Gilles Laporte, Québec, Septentrion, 2003 [1938-1939], p. 570.)

5.   Frank Murray Greenwood, « Les Patriotes et le gouvernement responsable dans les années 1830 », *Revue d'histoire de l'Amérique française,* vol. 33, n° 1, 1979, p. 26. Gilles Gallichan écrit quant à lui : « Notons qu'on ne trouve pas chez Pierre-Stanislas Bédard ni dans les articles du *Canadien* l'idée que cette responsabilité exige de choisir les conseillers exécutifs au sein même de la majorité parlementaire. Il lui suffisait que le pouvoir exécutif soit soumis au jugement et à la critique des représentants du peuple réunis en Assemblée pour que le principe soit appliqué. » (Gilles Gallichan, « Pierre-Stanislas Bédard, le parlementaire et le chef de parti », *Bulletin d'histoire politique,* vol. 19, n° 3, printemps 2011, p. 14.) Voir aussi F. Philippe Reid, « La pensée constitutionnelle de Pierre-Stanislas Bédard », *Bulletin d'histoire politique,* vol. 19, n° 3, printemps 2011, p. 67.

Yamaska, Edmund Bailey O'Callaghan (1797-1880), consti-
tuait surtout « une concession qu'ils faisaient à contrecœur
aux réformistes du Haut-Canada, plutôt […][qu']une idée
qui valait d'être adoptée pour elle-même[6] ». Car il ne faut pas
se leurrer : malgré ces quelques exemples, l'enjeu véritable,
dans le Bas-Canada des années 1830, aura été l'électivité du
Conseil législatif. À ce chapitre, l'historien Frank Murray
Greenwood ne saurait être plus clair : « Il importe de remarquer que la responsabilité ministérielle ne fut jamais au premier plan dans la pensée constitutionnelle des Patriotes, en ce
sens qu'elle ne fut jamais considérée sur le même pied que la
demande d'un conseil législatif à caractère électif, et encore
moins comme une réforme sans laquelle tout autre changement d'ordre constitutionnel serait inutile (comme le pen-
saient les Baldwin[7]). »

Réactions de Louis-Joseph Papineau et d'Étienne Parent

Les réactions au rapport de Lord Durham et à sa proposition
d'accorder le gouvernement responsable aux Haut- et Bas-
Canada réunis seront nombreuses et fort diverses. Notons
d'abord l'une des plus importantes : celle de l'orateur de l'Assemblée, chef des patriotes exilé aux États-Unis puis en France,
Louis-Joseph Papineau. Parue en 1839 à Paris dans *La Revue
du progrès* de Louis Blanc, reprise la même année dans *La*

---

6. Greenwood, « Les Patriotes et le gouvernement responsable dans les
années 1830 », p. 32.

7. *Ibid.*

Revue canadienne de Ludger Duvernay, à Burlington (Vermont), l'*Histoire de l'insurrection du Canada* atteint une certaine violence révolutionnaire. Le chef politique du Bas-Canada y fait un constat sans équivoque : « Les Canadiens n'ont aucune justice à espérer de l'Angleterre ; [...] pour eux, la soumission serait une flétrissure et un arrêt de mort, l'indépendance, au contraire, un principe de résurrection et de vie. » S'il s'attaque avec véhémence au rapport Durham (« Vrai quand il accuse le pouvoir, faux quand il accuse le peuple, le rapport de Lord Durham servira aussi à prouver que l'indépendance du Canada est un événement voulu par l'intérêt de l'ancienne comme de la nouvelle France, et par l'intérêt de l'humanité tout entière »), Papineau n'évoque jamais la proposition d'accorder le gouvernement responsable. Il va sans dire que si cela avait été une des revendications majeures des patriotes, leur chef n'aurait pu que se réjouir ou, à tout le moins, mentionner cet acquis au détour d'une page. En revanche, il n'hésite pas à rappeler le refus de l'« objet incessant » des demandes des patriotes du Bas-Canada : « un conseil législatif électif ». Il écrit : « Au moment [des deux dernières élections, les] majorités avaient reçu de leurs commettants le mandat d'insister sur un changement organique dans les institutions, et de demander que la seconde chambre fût élective. Cette réclamation unanime, Lord Durham l'a rejetée avec le même dédain que les tories ses prédécesseurs[8]. » Il n'y a pas de surprise ici : Papineau proposait depuis plusieurs

---

8. Louis-Joseph Papineau, *Histoire de l'insurrection du Canada par Louis-Joseph Papineau, orateur de la ci-devant Chambre d'assemblée du Bas-Canada. En réfutation du rapport de lord Durham*, première partie, extraite de *La Revue du progrès*, journal publié à Paris, 1839, reprise

années des solutions états-uniennes à l'embâcle politique qui s'était créé en terre d'Amérique[9]. Il ne pouvait plus se satisfaire d'une réforme éventuelle du parlementarisme britannique. L'homme politique était déjà ailleurs. Plus loin ou en arrière de ses anciens lieutenants comme LaFontaine, sans doute.

Une autre réaction, plus conciliante que celle de Papineau, pourrait permettre de comprendre que l'« objet incessant » dont parle ce dernier se soit subrepticement effacé du champ politique, au cours des années 1840, au profit de l'obtention du gouvernement responsable. Il s'agit de celle du rédacteur en chef du *Canadien*, Étienne Parent. Dès 1833, l'homme revendique le gouvernement responsable, qui, à l'en croire, a « fait le fond de toutes les plaintes du pays depuis 1812 ». Il veut notamment que « le Conseil exécutif soit assimilé autant que possible au Conseil des Ministres en Angleterre[10] ». Il

---

dans *La Revue canadienne,* juin 1839 ; Montréal, Réédition-Québec, 1968, p. 13, 14, 26 et 33.

9.   En 1833, Papineau montre qu'il ne faut pas reproduire les structures anglaises de ce côté de l'Atlantique : « Et quand même nous l'aurions en effet cette constitution, si vantée de la métropole, qui pourrait soutenir qu'elle nous convient ? [...] Il faut à ces habitants d'autres institutions qu'à ceux de l'Europe ; et ceux qui voudraient soutenir la proposition contraire devraient aussi nous dire en quoi elles ont fait et peuvent faire notre bonheur. » (Louis-Joseph Papineau, « Électivité des institutions gouvernementales », 10 janvier 1833, repris dans *Louis-Joseph Papineau, un demi-siècle de combats. Interventions publiques,* choix de textes et présentation d'Yvan Lamonde et Claude Larin, Montréal, Fides, 1998, p. 214.

10. Étienne Parent, « [Nécessité d'un gouvernement responsable] », *Le Canadien,* 19 juin 1833, repris dans *Étienne Parent, 1802-1874,* biographie, textes et bibliographie présentés par Jean-Charles Falardeau, Montréal, Éditions La Presse, 1975, p. 75 et 76.

reviendra à la charge quelques années plus tard, en août 1839, alors qu'il présente dans les pages du *Canadien* le « bill d'Union » (qui sera adopté à Londres le 23 juillet 1840). Fataliste, convaincu de la disparition du fait français peu importe ce qu'il adviendra de l'union des deux Canadas, Parent s'attache uniquement aux conséquences politiques de cette dernière. L'association avec les réformistes du Haut-Canada pourrait avoir des avantages non négligeables :

> La question nationale, étant ainsi mise de côté, nous restons avec la question politique, et nous aurons à mettre en regard, en balance les inconvénients de l'Union considérée sous le point de vue politique seul, avec les avantages qui en résulteront, au nombre desquels et en première ligne se trouve celui de l'importance quadruple pour le moins qu'auront les deux Canadas unis, et parlant par la même voix et à la fois, et en agissant de concert. N'y aurait-il pas lieu d'espérer que les Canadas réunis cesseraient d'être le jouet des partis en Angleterre, et qu'ils obtiendraient plus facilement un Gouvernement satisfaisant, responsable, condition indispensable de bonheur et de prospérité pour eux[11] ?

Il écrira de nouveau, dans *Le Canadien* du 23 octobre 1839 : « Encore une fois, qu'on nous donne le gouvernement responsable, et tout s'arrangera à la satisfaction de tous les hommes raisonnables de tous les partis, et bientôt l'on n'entendra pas plus parler d'animosités nationales en Canada, qu'on en entend parler à la Louisiane, en Écosse et

---

11. Étienne Parent, « L'Union », *Le Canadien,* 2 août 1839.

dans le Pays de Galles[12]. » Voilà le remède. Mais pour quelle maladie, au juste ?

Un politicien suivra cette voie de la modération : Louis-Hippolyte LaFontaine, qui s'imposera comme le leader du nouveau Canada-Est (qu'on continuera à nommer « Bas-Canada »). L'homme n'a pas les idées cimentées de son ancien chef, Louis-Joseph Papineau. Dans un pamphlet de 1834, il claironnait la nécessité d'un Conseil législatif élu[13] ; trois ans plus tard, cela ne semble plus du tout avoir la même importance. Éric Bédard l'a bien vu :

> Quatre jours avant la bataille fatidique de Saint-Denis, LaFontaine achemine à Lord Gosford une longue lettre dans laquelle il implore le gouverneur de convoquer à nouveau le Parlement afin de trouver une solution à l'impasse. Alors que, quelques mois plus tôt, il tenait mordicus à ce que les membres du Conseil législatif soient élus, il fait désormais marche arrière et affirme que cet enjeu ne saurait être une « condition *sine qua non* à la marche des affaires[14] ».

LaFontaine est donc capable de manœuvrer entre ce que certains considèrent comme des contraintes tandis que d'autres parleraient de convictions reniées. Quoi qu'il en soit, le gouvernement responsable, préconisé par Durham et par Étienne Parent, deviendra son viatique. L'union est inéluc-

---

12. Étienne Parent, « [L'échec d'un rêve d'indépendance] », *Le Canadien*, 23 octobre 1839, repris dans *Étienne Parent, 1802-1874*, p. 103.

13. Éric Bédard, *Les Réformistes. Une génération canadienne-française au milieu du XIXᵉ siècle*, Montréal, Boréal, 2009, p. 39-40.

14. *Ibid.*, p. 54-55.

table ? Les Bas-Canadiens sont dans les cordes ? Il faut sauver ce qui n'a pas encore brûlé. Dans son adresse « Aux électeurs du comté de Terrebonne », publiée en août 1840, LaFontaine écrit sans détour, tout en se méfiant de la volonté réelle des autorités d'instaurer cette mesure : « Pour moi, je n'hésite pas à dire que je suis en faveur de ce principe anglais de gouvernement responsable[15]. » Désormais, ce sera le grand objectif des réformistes bas-canadiens. Petit à petit, ce but à atteindre oblitérera les revendications républicaines de 1837. Petit à petit, on ira même jusqu'à croire — et écrire, ce qui est bien pire — que Louis-Joseph Papineau voulait, lui aussi, obtenir la responsabilité ministérielle britannique.

L'alternative entre le Conseil législatif élu et le gouvernement responsable constitue à l'époque la ligne de partage politique fondamentale. Le lecteur actuel voit peut-être moins clairement les conséquences de ces choix au XIXe siècle. Un siècle et demi d'histoires et d'historiens confondant les revendications des Rébellions et l'obtention du gouvernement responsable a produit cela.

D'une part, Louis-Joseph Papineau réclame depuis 1831 l'électivité du Conseil législatif ; d'autre part, Louis-Hippolyte LaFontaine, qui a connu et approuvé cette revendication, emprunte plutôt la voie du gouvernement responsable, voie dont l'élargissement s'explique en grande partie par le moment choisi : la mise en place du nouveau régime constitutionnel d'Union du Bas- et du Haut-Canada. L'Union était un

---

15. Louis-Hippolyte LaFontaine, « Aux électeurs du comté de Terrebonne », 28 août 1840, dans Guy Frégault et Marcel Trudel (dir.), *Histoire du Canada par les textes*, Montréal, Fides, 1963, p. 215-217.

face-à-face inéluctable : le projet, formulé dès 1810, réactivé sans succès en 1822, aboutit finalement en 1840. Le vent tourne complètement et modifie la navigation. Cela dit, les conséquences à court et à long termes ne varient guère que l'on soit en 1837 ou en 1841 : ou bien on reste, comme LaFontaine, dans le giron colonial britannique (en adoptant une formule britannique, fût-elle nouvelle dans la métropole), ou bien on veut adopter, comme Papineau, de nouvelles institutions américaines. Il y a dans le choix de ce dernier une détermination en faveur de l'émancipation d'un tout autre ordre que celle de LaFontaine et de ceux qu'on appellera bientôt les réformistes. En effet, dès 1834, Papineau expliquait que la très forte majorité patriote élue à la Chambre cette année-là avait reçu le mandat d'opérer « un changement organique dans les institutions » ; ce changement, non violent en soi, correspondait néanmoins à une politique radicale : l'adhésion à une gouvernance républicaine plutôt que la continuation d'un régime de monarchie constitutionnelle. Pour Papineau, regarder vers les États-Unis (depuis la seconde moitié des années 1820) signifiait fondamentalement cela, alors qu'opter pour le gouvernement responsable, comme le préconisait LaFontaine, signifiait un choix monarchiste, la croyance que l'Angleterre allait atténuer — à quel point ? quand ? — son emprise coloniale.

Nous aurons l'occasion de voir au fil des pages de cette étude pourquoi, selon Papineau, l'idée d'un Conseil législatif élu, semblable au sénat élu de certains États américains (comme New York[16]), était plus démocratique et pouvait per-

---

16. Il en ira de même au niveau fédéral à partir de l'amendement 17 (8 avril 1913) à la Constitution.

mettre à une colonie ou à un territoire de se rattacher à un plus grand ensemble républicain. Les premiers alinéas des articles 1 et 2 de la Constitution des États-Unis d'Amérique sont clairs : il y a une séparation forte entre le législatif, qui relève du Congrès (représentants et sénateurs), et l'exécutif, qui relève du président. Un système de contrepoids permet d'équilibrer les pouvoirs. Pour Papineau, qui voulait à tout prix que les représentants du peuple puissent faire accepter leurs lois et qui, pendant des décennies, s'était buté au refus des membres de la fameuse « clique du château », on comprend que la solution américaine ait été des plus attrayantes. Au début des années 1830, Alexis de Tocqueville, que Papineau a lu après 1835, avait bien vu la dimension démocratique de la présidence :

> Les législateurs américains avaient une tâche difficile à remplir : ils voulaient créer un pouvoir exécutif qui dépendît de la majorité, et qui pourtant fût assez fort par lui-même pour agir avec liberté dans sa sphère. [...] Le président est un magistrat électif. Son honneur, ses biens, sa liberté, sa vie, répondent sans cesse au peuple du bon emploi qu'il fera de son pouvoir. En exerçant ce pouvoir, il n'est pas d'ailleurs complètement indépendant : le sénat le surveille dans ses rapports avec les puissances étrangères, ainsi que dans la distribution des emplois ; de telle sorte qu'il ne peut ni être corrompu ni corrompre[17].

---

17. Alexis de Tocqueville, *De la démocratie en Amérique,* vol. 1, préface d'André Jardin, Paris, Gallimard, coll. « Folio histoire », 1986, p. 193.

Le rôle des ministres dans le système américain ne revêt pas la même importance que dans un gouvernement responsable à la britannique : on n'y parle pas de ministres choisis parmi les membres de la Chambre (en théorie, l'alinéa 6 de l'article 1 de la Constitution l'interdit), lesquels votent les lois : comme le rappelle l'alinéa 2 du deuxième article de la Constitution, le président, qui est élu, peut s'enquérir par écrit des conseils de ses secrétaires d'État sur des sujets relatifs à leurs responsabilités. Ces membres du Cabinet ne sont pas élus. Dans la perspective républicaine qui est celle de Papineau, la question des ministres n'est donc pas prioritaire : il faut d'abord que les députés puissent voter leurs lois en toute souveraineté et que celles-ci soient reconnues par l'exécutif. Dans le Canada-Est de l'après-Union, nous le verrons, ces conditions ne seront pas réunies.

Il faut refaire rapidement le parcours historiographique des patriotes et des réformistes depuis le XIXᵉ siècle. Seules quelques figures d'historiens le baliseront, dans la mesure où une recherche exhaustive et une recension de tous les travaux historiques sur le sujet depuis François-Xavier Garneau dépasseraient le cadre de notre étude. On verra néanmoins que l'erreur historique — reconnaître le gouvernement responsable comme la principale revendication des patriotes et de Louis-Joseph Papineau — ne s'est pas imposée d'emblée : il a d'abord fallu aménager quelque peu la réalité, alléger le poids des revendications des patriotes pour laisser une place grandissante à celle du gouvernement responsable, et finalement chercher à rattacher 1837 à 1848. Mais le travail a porté ses fruits : aujourd'hui, plusieurs historiens, amateurs ou non, des manuels scolaires et des lieux de mémoire nous trompent.

Recherche d'antécédents et écriture
de l'histoire telle qu'elle aurait dû être

Dans plusieurs discours d'historiens, et ce, dès le XIXe siècle, la référence à l'électivité du Conseil législatif comme objectif premier des patriotes n'est pas effacée. Plus subrepticement, on va chercher à renforcer la présence du concept de gouvernement responsable dans les discours et les débats des parlementaires bas-canadiens des années 1830 pour créer un semblant de continuité entre 1837 et 1848. On note une telle posture dans l'ouvrage posthume d'Antoine Gérin-Lajoie (1824-1882), *Dix ans au Canada, de 1840 à 1850, histoire de l'établissement du gouvernement responsable*. Gérin-Lajoie, favorable à LaFontaine, reprend d'abord l'idée de deux combats distincts dans les Chambres d'assemblée du Haut- et du Bas-Canada[18]. Pourtant, il ajoute plus loin :

> C'est bien à tort cependant qu'on a prétendu quelque part que le Bas-Canada, tandis que la province supérieure combattait avec énergie pour l'obtention d'un véritable gouvernement constitutionnel, s'était borné à demander la réforme du Conseil législatif. Les hommes politiques du Bas-Canada comprirent, tout aussi bien et tout aussi tôt, la grande importance de cette réforme.
> Dès 1832, le *Canadien* de Québec publiait sur ce sujet divers articles qui renferment à peu près toutes les idées adoptées quinze ans plus tard […].

---

18. Voir Antoine Gérin-Lajoie, *Dix ans au Canada. De 1840 à 1850. Histoire de l'établissement du gouvernement responsable*, Québec, L. J. Demers & Frère, 1888, p. 15.

[Tous ces articles] revendiquaient pour le Bas-Canada, dans un langage plein de bon sens et de modération, toutes les réformes politiques qui ont été accordées plus tard aux provinces réunies. Si les tribuns de la Chambre d'Assemblée se sont attaqués avec plus de persistance et d'énergie à la constitution du Conseil législatif, c'est qu'ils étaient persuadés qu'un conseil exécutif, quelle que fût sa composition, ne pourrait résister longtemps aux désirs et aux réclamations des deux branches représentant la volonté populaire[19].

On trouve donc, du côté du *Canadien* d'Étienne Parent, des racines aux revendications en faveur du gouvernement responsable. L'idée est aussitôt associée au bon sens et à la modération, deux qualités qui seront pour plusieurs historiens (nous le verrons) le gage de la victoire de 1848.

On peut aussi, comme ce fut le cas pour Thomas Chapais dans le quatrième volume de son *Cours d'histoire du Canada* (1923), révéler ce *qu'aurait dû être* l'histoire du pays, ce qui permet de pointer (et d'imposer) la solution du gouvernement responsable. Hostile à Papineau et aux Rébellions[20], l'historien conservateur montre ce qu'aurait dû être l'évolution normale du pays. Il écrit, après avoir évoqué les concessions faites au Nouveau-Brunswick et au Haut-Canada, au milieu des années 1830 :

---

19. *Ibid.*, p. 45-47.

20. Voir, à ce propos, Jean-Paul Bernard, « L'évolution de l'historiographie depuis les événements (1837-1962) », dans Jean-Paul Bernard (dir.), *Les Rébellions de 1837-1838*, Montréal, Boréal Express, 1983, p. 35.

Tout ceci nous autorisait à conclure que le gouvernement responsable serait pour nous le régime de demain. Mais au préalable, il nous fallait mettre fin à l'ère des crises et des grèves parlementaires, profiter des concessions offertes pour démontrer notre sens politique, continuer avec une calme énergie nos revendications, sans menacer de paralyser le fonctionnement de nos institutions constitutionnelles si toutes les réformes demandées pour nous, l'une d'entre elles principalement, ne nous étaient pas accordées *instanter.*

Le vocabulaire ne trompe pas : « concessions offertes », « calme énergie », « sans menacer ». Tout aurait pu aller sans coup férir jusqu'à l'obtention du gouvernement responsable. Malheureusement, les patriotes et leur chef vinrent briser la ligne droite. Ils créèrent des querelles parlementaires retardant les concessions du gouvernement colonial. Chapais ne se gêne pas pour présenter la stratégie qui aurait dû être déployée : viser l'obtention du gouvernement responsable, être modéré dans ses réclamations (plutôt que de s'entêter à exiger un Conseil législatif élu), bref, agir comme le ferait LaFontaine après 1840. Et Chapais sert à ses auditeurs (ou lecteurs) cette phrase, contraire d'un slogan révolutionnaire qui sera appelé à une longue carrière : « En politique, on ne doit jamais s'acharner à l'impossible[21]. » Aucun doute sur l'enseigne à laquelle loge Chapais.

---

21. Thomas Chapais, *Cours d'histoire du Canada*, t. 4 : *1833-1841*, 2ᵉ éd., Québec, Librairie Garneau, 1933, p. 119 et 121.

Rattacher 1837 à 1848 et créer l'image d'un patriote gagnant

Au début du XXe siècle, plusieurs historiens n'hésitent plus à relier directement les revendications des patriotes à l'obtention officielle du gouvernement responsable, en 1848. Il se dégage de cette confusion une impression, réconfortante, d'achèvement de l'histoire, comme si 1848 bouclait la boucle de 1837 et 1838. On trouve une telle position chez Aegidius Fauteux (1876-1941), notamment dans sa préface au volumineux ouvrage *Hommages à LaFontaine* (1931). L'historien y établit une analogie entre la construction d'une maison et celle du pays canadien. Quatre architectes se succèdent : Papineau, qui « a préparé le terrain en révélant l'âme canadienne-française à elle-même et en lui réinsufflant pour ainsi dire le souffle de vie » ; LaFontaine, qui, par « la suprême conquête du gouvernement responsable, a bâti la charpente même de la nation » ; George-Étienne Cartier (1814-1873), qui, « avec l'établissement de la Confédération, a donné son couronnement au grand œuvre intérieur » ; et Wilfrid Laurier (1841-1919), qui a « élargi le domaine moral du Canada, en préparant sûrement les voies à notre autonomie définitive et complète[22] ». On remarquera que la destruction d'une partie de la charpente, quelque part autour de 1837, n'apparaît nulle part dans les propos de Fauteux. La défaite pèse-t-elle trop

---

22. Aegidius Fauteux, « Préface » à *Hommages à LaFontaine. Recueil des discours prononcés au dévoilement du monument de sir Louis Hippolyte LaFontaine en septembre 1930, ainsi qu'aux manifestations ultérieures à Boucherville et au cimetière de la Côte-des-Neiges, et d'un certain nombre d'articles et de lettres écrits à cette occasion*, Montréal, Comité du monument LaFontaine, 1931, p. VI.

lourd ? Comment pourrait-on intégrer les impasses dans le grand récit d'une victoire ?

Pour ce faire, Fauteux trouve une solution intéressante : il rappelle le passé patriote d'un vainqueur, Louis-Hippolyte LaFontaine. L'historien, à la lumière de ses recherches sur les patriotes (il publiera ses *Patriotes de 1837-1838* aux Éditions des Dix en 1950) qu'il décrit un peu naïvement comme une « pénible mais impartiale enquête », croit que personne n'a été aussi sage et digne dans cette situation que LaFontaine, dont le jeune âge explique le peu d'influence sur les autres patriotes. Il en arrive à cette phrase qui dit tout : « Ce qui est certain, c'est que, parmi les prétendus rebelles de 1837, LaFontaine est un des très rares dont on ne peut pas dire qu'il ait été un vaincu. » Dans le texte de Fauteux, LaFontaine traverse les événements de 1837 et 1838 sans les stigmates du vaincu. Par son opposition « à des actes de violence qu'il prévoyait inutiles, et même funestes[23] », il a toujours été un vainqueur. Sa victoire sera différée, mais constituera la « charpente même de la nation » : le gouvernement responsable. Fauteux rétablit ainsi une certaine continuité malgré la rupture de 1837 et 1838. LaFontaine, patriote sage, modéré et prudent, était là en 1837 ; LaFontaine, chef des réformistes bas-canadiens, est là en 1848. La défaite est gommée par la victoire d'un homme qui participa à l'édification de la nation canadienne.

À la fin des années 1930, Gérard Filteau publiera à son tour un récit des rébellions de 1837 et 1838 : *Histoire des Patriotes,* en trois volumes. Comme chez Aegidius Fauteux,

---

23. *Ibid.,* p. XI et X.

les victoires successives de Louis-Hippolyte LaFontaine, au cours des années 1840, viennent racheter les défaites cuisantes de 1837 et 1838. À propos de l'« installation de LaFontaine à la tête du gouvernement », Filteau parle d'une « victoire qui réparait la défaite » ; plus loin, c'est l'homme politique lui-même qui a « réparé la défaite[24] ». Bref, il y a une sorte de fin hollywoodienne dans cette *Histoire*[25] : sa huitième partie, « La revanche du nationalisme », donne à voir comment un peuple écrasé réussit, grâce « au génie de LaFontaine », qui refuse le parti de l'« opposition à outrance » (qui fut celui de Papineau, précise-t-il), à inverser le courant et à prendre les rênes du pouvoir avec les alliés réformistes du Haut-Canada. Voilà où mène la modération d'un homme. C'est d'ailleurs cette même modération qui triomphe, en 1849, tandis que les loyaux d'hier s'opposent à l'indemnisation des familles ayant subi des dommages lors des événements de 1837 et 1838. Les réactions furent violentes : émeutes, incendie du parlement, saccage des maisons de LaFontaine, Francis Hincks et Augus-tin-Norbert Morin. Dans son récit, Filteau donne l'impres-sion d'un retour parfaitement inversé de 1837. Ceux qui sont au pouvoir étaient, hier encore, des patriotes insurgés ; ils acceptèrent la voie de la conciliation et de la collaboration avec les réformistes du Haut-Canada. Malgré le « transfert » du pouvoir, la violence est toujours du même côté :

---

24. Filteau, *Histoire des Patriotes,* p. 593 et 596.

25. Marc Collin, dans *Mensonges et vérités dans les souvenirs de Félix Poutré* (Québec, Septentrion, 2003, p. 140-141), parle aussi d'un *happy end* pour la huitième partie de l'*Histoire* de Filteau.

Et cependant en 1849, on ne vit pas se dresser les échafauds politiques. Le premier ministre canadien-français usa d'énergie, de jugement et de modération et l'orage se calma faute d'aliments.

C'est sur cette scène qui marque toute la différence entre la manière bureaucrate et la façon d'agir canadienne-française et patriote, que se clôt l'Histoire des Patriotes.

Reprenant la version défendue par Papineau dans son *Histoire de l'insurrection,* Filteau montre qu'en 1837 ce sont bel et bien les loyaux qui ont poussé à bout et provoqué les patriotes. Nul doute, donc, que la « modération » soit la « façon d'agir canadienne-française ».

La continuité du récit historique canadien-français est probante dans l'ouvrage de Filteau. Notamment lorsque l'historien évoque le statut de Westminster : « Couronnant l'ère de libertés coloniales, viendrait enfin le Statut de Westminster de 1931, qui conferrait [*sic*] la souveraineté au pays. Ce ne devait être là encore que la réalisation d'une conception patriote. Ces hommes avaient tout prévu, nous n'avons eu qu'à vivre leurs anticipations. » Ou encore, en traitant de certaines conclusions du rapport Durham : « Voilà toutes les réformes prônées par les Patriotes, reconnues nécessaires et légitimes. Le contrôle du budget, la conformité du Conseil avec les désirs du peuple, la responsabilité de l'Exécutif, c'est-à-dire l'affirmation de la volonté populaire sur la politique du pays, tout cela est tel que les Patriotes étaient "justifiables de le demander[26]". » Que faut-il comprendre par « responsabilité

---

26. Filteau, *Histoire des Patriotes,* p. 583, 599, 592 et 570.

de l'Exécutif » sinon la responsabilité ministérielle ? On peut du moins le supposer, puisque Filteau traite du rapport Durham, où la responsabilité ministérielle était clairement invoquée, et le relie aux revendications des patriotes. Le lien est établi de nouveau. La volonté de mettre en relief la continuité, mais aussi celle de réparer les conséquences de 1837 et 1838, va très loin : Filteau gomme complètement les dissensions entre LaFontaine et Papineau lors du retour en politique de ce dernier, en 1847. Tout se passe comme si l'équilibre, la stabilité après les tremblements ainsi que la continuité importaient plus que la vérité historique, laquelle ne peut pas passer sous silence la marginalisation de Papineau à l'Assemblée du Canada, de 1847 à 1854.

Autre exemple de la volonté de donner à voir un tissu historique sans coutures : Robert Rumilly (1897-1983). L'homme qui s'imposera comme une des figures de proue de la droite canadienne-française a rédigé plusieurs biographies de personnages canadiens, dont celle de Papineau, en 1934. À propos des revendications du Parti patriote au cours des années 1830, Rumilly ne semble pas, à première vue, se tromper. Abordant les 92 Résolutions de 1834, il ne parle pas d'une quelconque demande de gouvernement responsable. Pourtant, cette revendication devient le trait d'union entre Papineau et son ancien lieutenant, LaFontaine. L'historien écrit : « C'est Lafontaine qui fit reconnaître le principe de la responsabilité ministérielle devant le Parlement. C'est-à-dire le principe essentiel pour quoi les patriotes avaient lutté et s'étaient soulevés. Ce résultat était en somme une victoire pour Papineau. Mais il était loin, et personne ne songeait à lui en attribuer l'honneur. » Que faut-il comprendre de cette phrase ? La continuité du grand récit canadien-français s'obtient-elle au prix d'un travestissement de l'histoire ? Cela ne serait pas très surprenant, du moins dans le cas de Rumilly : dans sa biographie, la mort de Papineau coïncide avec la montée d'un nouveau leader politique, Wilfrid Laurier, qui guidera « vers une étonnante prospérité le jeune peuple formé des deux plus grandes races de la terre ». Cette continuité va plus loin : l'historien rappelle que, à l'occasion d'une visite de Laurier à l'Université McGill, en 1908, ce dernier fut présenté à l'assistance par Talbot Papineau, arrière-petit-fils de Louis-Joseph Papineau. Le jeune homme va mourir au champ d'honneur en 1917. Rumilly reboucle la boucle : « Il avait 34 ans. Il s'était conduit en héros. L'arrière-petit-fils du Patriote était le descendant à la sixième génération, de Samuel Papineau, soldat de France[27]. » Le grand cercle ramène à la Nouvelle-France. Le voyage aura été épique.

L'explication anglo-saxonne

Si le gouvernement responsable s'impose chez plusieurs historiens canadiens-français, emmêlés dans les réclamations des membres du Parti patriote, on remarque qu'il en va de même chez les historiens canadiens-anglais de la même époque. Malgré les rapports à peu près inexistants entre les deux groupes, il y a des recoupements intéressants.

Selon Jean Lamarre, dans *Le Devenir de la nation québécoise,* les historiens canadiens-anglais de la fin du XIXᵉ siècle

---

27. Robert Rumilly, *Papineau,* [Paris], E. Flammarion éditeur, 1934, p. 225 et 307.

ont voulu édifier l'histoire d'une nation « de bâtisseurs qui sont sûrs d'eux-mêmes[28] ». La responsabilité ministérielle deviendra vite un des piliers du nouvel édifice[29]. Gilles Laporte, qui étudie aussi ce qu'il nomme l'interprétation whig de la fin du XIXe siècle, donne l'exemple de la série de volumes *The Makers of Canada*, publiée au début du XXe siècle[30]. Alfred Duclos De Celles (1843-1925), qui fut le successeur d'Antoine Gérin-Lajoie comme bibliothécaire parlementaire à Ottawa, a fait paraître dans cette collection une biographie de Papineau, qui sera traduite en français et publiée chez Beauchemin en 1905. Encore une fois, on ne se méprend pas sur les 92 Résolutions. Il n'empêche que, devant l'importance du gouvernement responsable, un jugement est porté sur ces revendications :

> On se serait attendu à voir les Canadiens, au lieu de réclamer la réforme du Conseil en rendant ses membres éligibles, invoquer un moyen d'obtenir justice encore plus sûr. Pourquoi Papineau ne demandait-il pas la responsabilité ministérielle ? Il n'en est question nulle part au cours de la requête qui reproduit les 92 résolutions ? Cependant dès 1808, Pierre Bédard, à la connaissance de Papineau, avait proposé à la Chambre d'assemblée de déclarer qu'elle verrait avec plaisir,

---

28. Jean Lamarre, *Le Devenir de la nation québécoise. Selon Maurice Séguin, Guy Frégault et Michel Brunet, 1944-1969*, Sillery, Septentrion, 1993, p. 53.

29. *Ibid.*, p. 35.

30. Voir Gilles Laporte, « Introduction », dans Filteau, *Histoire des Patriotes*, p. XV-XVI.

dans son sein, des ministres dont l'autorité dépendrait de la Chambre. Il devançait son temps et ne fut pas compris par ses collègues.

Plus loin, Duclos De Celles dédouanera le « patriote » LaFontaine, presque victime de l'influence du grand chef. La métaphore éthylique montre bien la force de séduction et de persuasion de Papineau :

> Il ne faut pas juger les lieutenants de Papineau d'après leurs allures et leur conduite subséquente ; évidemment, avant 1837-8, ils ne pensaient et n'agissaient que dominés par leur chef qui avait jeté vivante, dans leur âme, comme une partie de la sienne, et dont les paroles passionnées leur portaient à la tête comme un vin trop capiteux[31].

Pourtant, l'auteur cherche encore à établir une continuité entre les idées de Papineau et la suite de l'histoire nationale. Duclos De Celles met l'accent sur les prétendus appels de Papineau pour une collaboration avec les réformistes du Haut-Canada. Cent ans avant John Saul, qui aura aussi sa collection de portraits de grands Canadiens, les mains tendues de chaque côté de la rivière des Outaouais deviennent le symbole du pays en construction[32].

Certes, l'interprétation whig canadienne-anglaise n'est vraisemblablement pas à l'origine de la place grandissante du

---

31. Alfred Duclos De Celles, *Papineau, 1786-1871,* Montréal, Librairie Beauchemin et Cie Cadieux & Derome, 1905, p. 99 et 103.

32. *Ibid.,* p. 197-198.

gouvernement responsable dans l'historiographie canadienne-française, même si elle a sans doute contribué au
retour en grâce des réformistes depuis une quinzaine d'années, notamment avec les publications de John Saul. S'il y a
une façon d'écrire l'histoire qui s'impose au Canada français
pendant la première moitié du XXe siècle, c'est bien plutôt
celle du chanoine Lionel Groulx (1878-1967). L'historien
abordera, comme ses prédécesseurs, la question du gouvernement responsable.

L'influence de Lionel Groulx

Comme l'ont noté Gérard Bouchard dans *Les Deux Cha-
noines* et Ronald Rudin dans *Faire de l'histoire au Québec*, le
jugement de Lionel Groulx sur l'œuvre de Louis-Joseph Papineau est somme toute tempéré et marque une rupture avec
l'historiographie de son époque, plutôt sévère envers le chef
patriote. On peut parler d'admiration de la part du chanoine.
Dans plusieurs de ses études, il met tout de même l'accent sur
ce qu'il considère comme l'anachronisme de Papineau
après 1845. Il regrette que l'homme politique, revenu d'exil,
reprenne telles quelles « ses idées d'homme de 1830[33] » et
qu'il ne puisse s'adapter au nouveau climat politique, réformiste et non révolutionnaire. Dans un texte de 1921 reproduit
dans *Notre maître, le passé* (1924), Groulx considère même
Papineau comme « un boudeur de la victoire ». Mais de quelle

---

33. Lionel Groulx, « Un débat parlementaire en 1849 », *Revue d'histoire
de l'Amérique française,* vol. 2, n° 3, 1948, p. 383.

victoire s'agit-il exactement ? De la sienne ou de celle de son
ancien lieutenant, LaFontaine ? Le fil narratif est bien tendu :

> Quel est l'enjeu véritable de cette longue lutte politique,
> amorcée en 1792, dès l'ouverture de notre premier parlement,
> continuée sans relâche par delà même l'épisode de la révolte,
> jusqu'au premier ministère La Fontaine-Baldwin de 1842,
> reprise presque aussitôt devant l'autocratie de Metcalfe, pour
> ne se terminer qu'avec le retour aux affaires de Baldwin et de
> La Fontaine, après les apaisements de lord Elgin[34] ?

Quelque chose s'achève — le verbe *terminer* est sans équivoque — avec l'obtention du gouvernement responsable.
Une seule lutte. Aucune discontinuité. Le récit a un début, un
milieu et une fin.

Dans son *Histoire du Canada français depuis la découverte*,
série de leçons historiques lues sur les ondes de CKAC et qui
parurent ensuite en quatre volumes entre 1950 et 1952,
Groulx s'attache de nouveau au gouvernement responsable.
Il note d'abord l'influence américaine sur les politiciens canadiens-français, évoquant « la théorie un peu naïve des réformistes canadiens pour l'extension du système électif ». Par
contre, à ceux qui — comme Thomas Chapais — reprochent
aux politiciens bas-canadiens de s'être accrochés à la réforme
du Conseil législatif, Groulx rappelle que cette réforme avait
été envisagée en Angleterre dès le XVIIIe siècle par plusieurs

---

34. Lionel Groulx, « Louis-Joseph Papineau. L'homme politique », dans
Notre maître, le passé, 1re série, Montréal, Librairie Granger frères, 1937,
[1924], p. 190 et 191-192.

politiciens ainsi que par des réformistes du Haut-Canada et de la Nouvelle-Écosse. À l'en croire, si cette idée ne plaisait guère aux autorités coloniales, celle d'un gouvernement responsable passait encore moins bien. À propos de ce changement de régime proposé, il ajoute :

> Au surplus, et il importerait de leur en tenir compte, n'est-ce pas à cette autre et hardie formule d'autonomie politique que reviennent, vers 1832, les chefs du Bas-Canada ? Je dis bien : *qu'ils reviennent*. Responsabilité ministérielle ou « gouvernement responsable », comme on dit dans le temps, la formule, dès les jours de Craig, leur est déjà familière.

La suite ne surprendra personne : Groulx convoque les propos de Pierre-Stanislas Bédard, les articles du *Canadien* de 1832 écrits par Étienne Parent — ce doit être l'un des « chefs du Bas-Canada » dont parle Groulx — et des propos tenus à la Chambre d'assemblée en 1836. Papineau est, lui aussi, dans la nouvelle équipe : « Papineau lui-même, l'acharné partisan d'un Conseil législatif électif, est gagné à la nouvelle idée. C'est bien lui qui, le 28 janvier 1836, écrit à Mme Papineau que "le seul principe essentiel" qu'il faille appliquer aux colonies, "est le contrôle absolu de la Représentation sur le revenu et son influence prépondérante et directe sur tous les actes de l'Exécutif [35]". » Groulx force un peu l'inter-

---

35. Lionel Groulx, *Histoire du Canada français depuis la découverte*, t. 2 : *Le Régime britannique au Canada*, Montréal, Fides, 1960, p. 141, 151 et 152. Il y a une erreur de date dans le dernier passage : la citation se trouve dans une lettre que Papineau a écrite le 1er février 1836 et non le 28 janvier.

prétation en parlant d'une adhésion de Papineau à la « nouvelle idée ». Rien dans le passage cité et dans le reste de la lettre ne permet de reconnaître le principe de responsabilité ministérielle. Une « influence prépondérante et directe sur tous les actes de l'Exécutif » ne signifie rien de plus qu'une influence. Cela dit, le fil est encore tendu pour Groulx. Ainsi, lorsque l'historien cherche à déterminer à qui l'on doit rendre hommage pour l'obtention définitive du gouvernement responsable, il ne manque pas de rappeler le rôle des réformistes bas-canadiens dans ce changement politique majeur. À cause de leur fermeté, ils semblent même avoir plus de mérite que les réformistes du Haut-Canada[36]. Ainsi, non seulement les Canadiens français sont des agents de l'évolution du Canada moderne et de « l'affirmation péremptoire de l'égalité politique entre les deux races » (Groulx rappelle que Lord Elgin lira le discours de la Couronne du 18 janvier 1849 en français et en anglais), mais ils en sont aussi les maîtres d'œuvre, les instigateurs. Être soi-même chez soi : l'acquis est important dans la logique historiographique du chanoine Groulx.

$*$ $*$ $*$

Voilà donc différentes stratégies narratives qui ont consolidé l'erreur historique faisant du gouvernement responsable un élément central de la lutte de Papineau et des patriotes au cours des années 1830. Deux images se superposent tout en s'opposant dans plusieurs discours d'historiens : d'un côté,

---

36. *Ibid.*, p. 208.

ceux-ci constatent que le gouvernement responsable n'est pas dans la besace politique de Papineau (Groulx montre même que ce dernier est tout à fait contre après son retour d'exil[37]) ; de l'autre, ces mêmes historiens insistent sur la continuité du récit qui va des débuts du parlementarisme, en 1791, à 1848, comme si LaFontaine avait remporté, dix ans plus tard, la partie perdue par Papineau. Pour certains historiens, ce dernier ira jusqu'à bouder la victoire, refusant de reconnaître les progrès qu'il aurait lui-même voulus et qui mèneraient à un Canada moderne, pacifique et construit sur la conciliation et la collaboration.

Comme l'a bien montré Jean Lamarre à propos du modèle historiographique de François-Xavier Garneau, lequel s'est imposé pendant près de cent ans au Canada français, l'idée de continuité en a été, justement, un élément clé[38]. Dans le cadre d'une lutte acharnée, les digressions que peuvent représenter la dissidence et la remise en question de l'objectif final — devenu, avec le temps, l'obtention du gouvernement responsable — seront, on s'en doute bien, gommées ou escamotées. Mais lorsque le cadre historiographique change, peut-on s'en tenir aux mêmes attitudes ? Peut-on enfin voir les ruptures pour ce qu'elles furent réellement ? Par-delà l'impératif de continuité, et maintenant qu'on connaît un peu mieux Louis-Joseph Papineau grâce à la

---

37. « [I]l en avait aussi contre la responsabilité ministérielle et ce qu'il en estimait les funestes conséquences : régimes des partis, servilité de la presse ministérielle et des majorités parlementaires, abus du patronage… » (Groulx, « Un débat parlementaire en 1849 », p. 383.)

38. Voir Lamarre, *Le Devenir de la nation québécoise,* p. 60.

mise en valeur d'une partie de sa correspondance et de ses écrits, peut-on enfin comprendre ses revendications proprement américaines et son opposition à la pensée des réformistes de la fin des années 1840 ? Pour le savoir, il faudra se tourner vers les travaux d'historiens de la seconde moitié du XXe siècle.

CHAPITRE 2

Fabriquer l'erreur après 1950

Grâce à son travail d'« assistant-archiviste » de la province de Québec, Fernand Ouellet a eu accès, au cours des années 1950, aux archives et à la correspondance de la famille Papineau-Bourassa, à Québec. Voilà une matière extrêmement riche, qui permet de jeter un regard nouveau sur la vie d'un des représentants les plus illustres de cette famille, Louis-Joseph Papineau. Les propos de Ouellet sur ce dernier, publiés dans plusieurs études et monographies au cours des années 1950, 1960 et 1970, furent néanmoins des plus sévères. Papineau y est décrit comme un homme hésitant, déchiré entre l'Ancien Régime et ses ambitions d'homme moderne, recherchant systématiquement l'échec (Ouellet annonce en quelque sorte ce qu'Hubert Aquin dira quelques années plus tard dans son « Art de la défaite » à propos de la culture de l'échec au Canada français), irresponsable, dominé par la peur, ayant une tâche trop lourde pour ses moyens. Malgré ces jugements péremptoires, des références à des concepts psychologiques surannés et des déductions un peu simplistes par moments[1], Ouellet a

---

1. À ce sujet, nous sommes d'accord avec Ronald Rudin : « Ouellet n'avait reçu aucune formation en psychologie et, pour autant qu'on en

ouvert la voie à une compréhension de Papineau allant au-delà des images d'Épinal qui s'étaient multipliées depuis son décès, en 1871.

L'historien s'est attaché à la classe sociale de Papineau, la moyenne bourgeoisie, qui aurait cherché à établir son ascendant sur la société bas-canadienne du début du XIXᵉ siècle, notamment par un nationalisme conservateur — protection des traditions, du régime seigneurial et du droit civil français. Selon Ouellet, ces bourgeois, incapables de faire face aux réalités économiques de leur temps, auraient préféré se replier sur eux-mêmes et sur une économie paysanne. Pour eux, le régime parlementaire obtenu en 1791 aura été une sorte de fer de lance leur donnant la possibilité de se faire valoir et de défendre leur vision traditionnelle du pays. À cette fin, bien sûr, il fallait obtenir le plus de pouvoirs possible. C'est dans cette perspective que Ouellet se réfère souvent à l'idée de gouvernement responsable, que Pierre-Stanislas Bédard aurait réclamé dès le début des années 1800. Il écrit ainsi, en 1963 (comme en 1960 et en 1962, et il l'écrira encore en 1972[2]) :

_____

puisse juger par ses sources, en avait une connaissance plutôt superficielle. » (Ronald Rudin, *Faire de l'histoire au Québec,* trad. de Pierre R. Desrosiers, Sillery, Septentrion, 1998, p. 176.)

2.   Voir Fernand Ouellet, *Louis-Joseph Papineau. Un être divisé,* Ottawa, Les Brochures de la Société historique du Canada, nᵒ 11, 1960, p. 10 ; « Les fondements historiques de l'option séparatiste au Québec », *The Canadian Historical Review,* vol. 43, nᵒ 3, 1962, p. 194 ; « La naissance des partis politiques dans le Bas-Canada », dans *Éléments d'histoire sociale du Bas-Canada,* Montréal, Hurtubise HMH, coll. « Les cahiers du Québec », 1972, p. 222.

Bédard parlera même, avec une certaine avance en regard de la situation du Canada, de responsabilité ministérielle. On saisit bien les objectifs pratiques de cette revendication qui devait livrer l'ensemble de l'appareil politique et administratif aux mains des professions libérales. Une telle concession, inacceptable à l'époque, eût écarté, si elle avait été faite, les capitalistes et les fonctionnaires en place du jeu politique. Il n'est donc pas étonnant qu'on ait accusé le parti canadien d'être démocrate. Son comportement politique et la démagogie des chefs, signes évidents des intérêts individuels et de classe que masquaient ces revendications, expliquent la violente réaction du gouverneur, des capitalistes, des fonctionnaires et du clergé catholique[3].

Fernand Ouellet semble tenir pour acquis que Papineau partageait les vues de son prédécesseur à la tête du Parti canadien sur la responsabilité ministérielle, malgré le fait que cette idée a été éclipsée pendant de nombreuses années avant de ressurgir au début des années 1830 dans *Le Canadien*. Une question de classe sociale, sans doute, qui conditionne les réflexes politiques du successeur de Bédard. Ainsi, dans sa brochure de 1960, qui constitue sa première biographie de Papineau (bientôt suivie par celle réalisée pour le *Dictionnaire biographique du Canada*), Ouellet étend la revendication du gouvernement responsable aux « membres du parti canadien ». Papineau est bien sûr du lot. Quelques lignes plus bas, l'historien écrit : « En dépit des mises en garde de son père,

---

3. Fernand Ouellet, « Nationalisme canadien-français et laïcisme au XIXe siècle », *Recherches sociographiques*, vol. 4, n° 1, 1963, p. 54.

Papineau affirma sa solidarité à l'endroit du parti canadien et de son chef Pierre Bédard. On voit même son nom derrière les entreprises anti-sémites de Bédard. En peu de temps, Papineau devint un des membres les plus influents du parti[4]. »
Voilà trois phrases qui pourraient bien résumer le parcours d'un jeune arriviste épousant les idées de ses chefs (par exemple, l'obtention du gouvernement responsable), même les moins glorieuses pour le lecteur de 1960 (les « entreprises anti-sémites »), et qui se hisse à la tête de ce parti de bourgeois nationalistes. Ouellet ne prend pas soin de rappeler, au passage, que c'est ce même Papineau qui était orateur (président) de la Chambre d'assemblée lorsque fut votée la loi du 5 juin 1832, adoptée à l'unanimité, qui donnait aux juifs l'égalité et la pleine émancipation politique et religieuse. Il faut surtout retenir que le nouveau représentant de la moyenne bourgeoisie aurait reproduit et relancé les idées de Pierre-Stanislas Bédard.

Malgré quelques précautions, Fernand Ouellet en vient donc à écrire que le gouvernement responsable est bel et bien réclamé par Louis-Joseph Papineau. L'erreur étonne chez un historien professionnel de la trempe de Ouellet. Dans un recueil de textes de Papineau qu'il fait paraître aux Presses de l'Université Laval en 1959, il écrit :

> Sur le plan politique, Papineau a débuté par une admiration des institutions anglaises et par le mépris de la démocratie américaine et de la révolution française. Avant 1827, il a pensé que le lien colonial avec l'Angleterre était une garantie de sur-

---

4. Ouellet, *Louis-Joseph Papineau. Un être divisé*, p. 10.

vie pour les Canadiens français. Cependant, son programme
de réforme politique visait à limiter l'influence des marchands anglais et à assurer aux classes moyennes cana-
diennes-françaises le contrôle sur le gouvernement et sur
l'administration. Telle est la signification de la revendication
du gouvernement responsable et de la position adoptée par
Papineau sur la question des subsides.

La dernière phrase est plutôt imprécise : qui donc, au
juste, revendique le gouvernement responsable ? L'association
avec la question des subsides, qui sera un des chevaux de
bataille du Parti patriote et de Papineau, donne à penser que
c'est ce dernier qui le revendique. Pourtant, Ouellet ne l'affirme pas de manière claire et nette. Il en va autrement
quelques lignes plus bas, dans une énumération du contenu
du « programme démocratique inspiré du modèle américain » que Papineau défendra après 1827 : « indépendance du
judiciaire, élection du Conseil législatif, responsabilité de
l'Exécutif, disparition du patronage, décentralisation admi-
nistrative et gouvernementale par la création d'organismes
opérant au niveau du comté et de municipalités ». Que signifie « responsabilité de l'Exécutif » ? S'agit-il de ce qu'on
appelle le gouvernement responsable ou d'un concept plus
flou qui consiste à responsabiliser les membres du Conseil
exécutif devant les membres élus de l'Assemblée et du
Conseil législatif ? Après tout, dans un texte de 1834 que
reproduit Ouellet dans son recueil, Papineau parle d'« une
comptabilité et [d']une responsabilité régulières dans les
départements liés à la recette et à l'emploi du revenu », ce qui
ne constitue pas une demande directe de gouvernement responsable. Ouellet entend-il donc « responsabilité de l'exécu-

tif » en ce sens ? Rien n'est moins sûr. L'historien écrit, à propos d'un autre discours de Papineau de 1848 :

> Avant 1837, la conception du gouvernement responsable émise par Papineau se rapprochait sensiblement de la formule anglaise. Après 1837, le gouvernement responsable signifiait, pour lui, la dépendance totale de l'Exécutif et de tous les officiers publics à l'égard du peuple et de ses représentants. Dans le cadre d'une séparation des pouvoirs, les membres de l'Exécutif devaient être élus par la Chambre sans en faire partie. Le Conseil législatif devait être élu par le peuple en conformité avec les traditions américaines. La responsabilité de l'Exécutif et de l'Administration devait être entière à l'égard de la Chambre[5].

Ouellet crée donc une ligne de partage dans la pensée de Papineau, sans que celle-ci soit révélée par des documents, du moins à notre connaissance. L'homme politique aurait d'abord revendiqué, avant 1837, ce que son prédécesseur Bédard cherchait à obtenir. Après 1837, Papineau aurait parlé d'un gouvernement responsable en l'encadrant dans le régime parlementaire américain. Ce chemin de Damas concorde avec la vision de l'historien, qui a fini par faire du gouvernement responsable la revendication par excellence de la moyenne bourgeoisie du Bas-Canada. Comme il l'écrira en 1963 : « Aveuglés par leurs intérêts de classe, dont la réali-

---

5. Fernand Ouellet, dans Louis-Joseph Papineau, *Papineau*, textes choisis et présentés par Fernand Ouellet, 2e éd., Québec, Presses de l'Université Laval, coll. « Cahiers de l'Institut d'histoire », 1970, p. 8, 9, 63 et 91.

sation totale dépendait de la responsabilité ministérielle et de la formule démocratique, les hommes de profession ont été incapables de saisir l'importance capitale de ce compromis [une alliance avec les capitalistes et l'écartement de l'idée de démocratie pour le Québec[6]]. » Dans sa biographie préparée pour le *Dictionnaire biographique du Canada,* Ouellet argumente dans le même sens. Il y a tout de même une sorte de précaution ici :

> Les structures politiques, de son point de vue, avaient été manipulées par des éléments hostiles ou peu conscients des intérêts réels de la nation canadienne-française. Quant aux vrais représentants de la nation siégeant à l'Assemblée, leur influence était à peu près nulle. C'est en raison de cette perception subjective des équilibres politiques que Papineau accepte l'idée de la responsabilité de l'exécutif. L'objectif des tenants de cette thèse était de faire passer le pouvoir réel dans les mains de ceux qui formaient ce qu'il appellera plus tard « la représentation nationale ». Après son accession à la direction du parti canadien en 1815, Papineau fait porter la lutte, toujours dans cette perspective, sur le contrôle des fonds publics.

De nouveau, le doute s'insinue : qu'entend-il par « responsabilité de l'exécutif » ? Comme dans son texte de 1959, Ouellet redirige la question vers la question des fonds publics. Le propos est moins net. De la même manière, il reprend la

---

6. Ouellet, « Nationalisme canadien-français et laïcisme au XIXe siècle », p. 56.

liste des griefs qui se trouvent dans les 92 Résolutions de 1834 :
« le contrôle du revenu par la législature, la responsabilité de
l'exécutif, et l'éligibilité des conseillers législatifs[7] ». Cette dernière revendication ne saurait être mise à plat dans une énumération : elle se taille la part du lion dans les 92 Résolutions.
Quant à la responsabilité de l'exécutif, il en est question de
manière tout à fait marginale. À ce chapitre, nous sommes
d'accord avec Éric Bédard, qui prend soin de rappeler, dans
Les Réformistes, que l'électivité de la Chambre haute était aussi
débattue à la même époque en Grande-Bretagne, ce qui
devrait modérer les transports de ceux qui considèrent
les 92 Résolutions comme une déclaration d'indépendance
républicaine[8]. Il ne faudrait pas verser dans l'excès contraire,
bien sûr. Quoi qu'il en soit, la question demeure : que faut-il
comprendre ici par « responsabilité de l'exécutif » ?

La réponse est beaucoup plus évidente dans ce passage de
la biographie de Ouellet qui traite de la période postérieure
à 1830 :

> Au fond, Papineau, tout en retenant de la constitution anglaise
> ce qui servait sa stratégie politique, puisait dans le modèle
> américain une justification de principe pour transformer
> radicalement le Conseil législatif. L'électivité de ce dernier
> serait, en ce sens, nécessitée par le caractère foncièrement
> démocratique de la société du Bas-Canada : « Les ministres

7. Fernand Ouellet, « Louis-Joseph Papineau (1786-1871) », dans *Éléments d'histoire sociale du Bas-Canada,* p. 335 et 338.

8. Éric Bédard, *Les Réformistes. Une génération canadienne-française
au milieu du XIXe siècle,* Montréal, Boréal, 2009, p. 35.

ont voulu mettre en pleine action et vigueur le principe aris-
tocratique dans les Canadas dont la constitution sociale est
essentiellement démocratique, où tout le monde vient au
monde, vit et meurt démocrate ; parce que tout le monde est
propriétaire ; parce que tout le monde n'a que de petites pro-
priétés ; parce que nous venons au monde, vivons et mour-
rons dans un pays placé en juxtaposition avec les États-Unis. »
Par la responsabilité ministérielle, le parti patriote et Papineau
se seraient assuré le contrôle de l'exécutif et de la fonction
publique ; par un Conseil législatif élu et l'extension du principe électif aux niveaux inférieurs, le parti aurait dominé la
seconde branche législative et les autres sources de pouvoir[9].

Le conditionnel passé laisse perplexe : faut-il comprendre
que Papineau *aurait dû* suivre la stratégie de la revendication
du gouvernement responsable — en phase avec l'objectif de
sa classe sociale d'obtenir le plus de pouvoir politique possible — ou bien qu'il n'a pas pu atteindre cet objectif ? On
penchera pour la seconde option, dans la mesure où Ouellet
emploie aussi le conditionnel pour faire référence à l'électivité
du Conseil législatif, sans cesse réclamée par Papineau. Il
n'empêche que le doute persiste.

Les travaux de Fernand Ouellet n'aident guère à clarifier
la question du gouvernement responsable dans la pensée
politique de Louis-Joseph Papineau. Pis encore, ils semblent
accroître la confusion : l'historien crée une ligne de partage
dans la pensée de Papineau que nous avons beaucoup de dif-
ficulté à discerner. On ne saurait dire si ses références à la

---

9. Ouellet, « Louis-Joseph Papineau (1786-1871) », p. 337-338.

« responsabilité de l'exécutif » coïncident tout à fait avec l'idée britannique de gouvernement responsable. Il associe l'homme politique à son prédécesseur, Pierre-Stanislas Bédard, avec qui il aurait partagé les mêmes intérêts de la moyenne bourgeoisie canadienne, réfugiée dans un nationalisme conservateur parce qu'incapable de se colleter aux forces du grand capitalisme du début du XIXe siècle.

Cette confusion, qui finit par donner l'impression que la responsabilité ministérielle a été voulue par Papineau, est en quelque sorte renforcée par ce qu'il convient d'appeler le retour en grâce des réformistes. Depuis une quinzaine d'années, chez plusieurs historiens, intellectuels, journalistes et politiciens, tous les prétextes sont bons pour rattacher 1837 à 1848. L'échec de l'un sert la prétendue victoire de l'autre, comme si les motifs de la bataille étaient demeurés inchangés. Les années 1830 comme *terminus a quo* : les revendications des patriotes (résumées par la revendication du gouvernement responsable), bouffée d'intransigeance contraire à la conciliation habituelle des Canadiens. L'année 1848 comme *terminus ad quem* : l'obtention du gouvernement responsable (que les patriotes auraient voulu) grâce à la collaboration des réformistes du Haut- et du Bas-Canada et au génie politique de LaFontaine, le véritable héros. Haro sur Papineau l'intransigeant.

Les réformistes de la dernière mode et le recyclage de vieilles méthodes

Comme le remarque Éric Bédard dans *Les Réformistes*, la fortune mémorielle des réformistes comme Louis-Hippolyte LaFontaine et George-Étienne Cartier a été mouvementée :

s'ils ont été célébrés au début des années 1930 (Bédard cite de nombreux passages du recueil *Hommages à LaFontaine*), ils ont été jugés beaucoup plus sévèrement par les historiens de l'école de Montréal (Michel Brunet, Maurice Séguin et Guy Frégault). Ainsi, en 1968, Maurice Séguin écrivait : « La capitulation de Vaudreuil [en 1760] avait mené infailliblement à la capitulation inconsciente de LaFontaine, capitulation nécessaire, explicable même, mais qui n'en demeure pas moins une capitulation[10]. » À cette influence, Éric Bédard ajoute le puissant courant néonationaliste, peu enclin à célébrer les héros du compromis. Les martyrs de 1838, comme Chevalier de Lorimier, trouvent grâce à ses yeux. Hubert Aquin, par exemple, dans « L'art de la défaite », opposait les patriotes de 1837 à ceux de 1838, magnifiques dans l'échec : « [I]l ressort que Robert Nelson et Chevalier de Lorimier, figures dominantes de l'invasion de 1838, sont vraiment des Patriotes dont le coefficient de passivité est nul : ce ne sont pas des Patriotes poussés aux armes par les décrets arrogants et vexatoires d'un gouverneur, ce ne sont pas des rebelles malgré eux[11] ! » Selon Éric Bédard, d'autres facteurs expliquent la défaveur des réformistes : le nationalisme civique, culminant avec le Parti québécois de Bernard Landry et d'André Boisclair, qui s'alimente à la mémoire républicaine des patriotes de 1837, bien différente

---

10. Maurice Séguin, *L'Idée d'indépendance au Québec. Genèse et historique*, Trois-Rivières, Boréal Express, coll. « 17/60 », 1968, p. 35.

11. Hubert Aquin, « L'art de la défaite. Considérations stylistiques », repris dans H. Aquin, *Mélanges littéraires II. Comprendre dangereusement*, édition critique établie par Jacinthe Martel avec la collaboration de Claude Lamy, t. 4, vol. 3 de l'édition critique de l'œuvre d'Hubert Aquin, Montréal, BQ, 1995, p. 141.

du prétendu « nationalisme ethnique » de la période réformiste qui suivra les Rébellions ; une historiographie qui, depuis les années 1970, se tourne vers les structures économiques et considère les réformistes comme de purs produits de la bourgeoisie. Bédard écrit, à ce propos : « C'est ainsi qu'on en vient à présenter LaFontaine et les réformistes comme les porte-parole d'une bourgeoisie intéressée avant tout par l'accession au pouvoir et par la conservation de ce pouvoir, non par les nécessaires réformes à mettre en œuvre. »

Pourtant, comme le souligne aussi l'historien, il y a un regain d'intérêt pour les réformistes depuis une quinzaine d'années. Il écrit : « Cet intérêt participe d'une volonté de donner un nouveau sens à l'expérience canadienne et d'une tentative de contrecarrer le grand récit historique des Québécois, qui serait trop axé sur la victimisation, les défaites politiques et le ressentiment à l'égard des Anglais[12]. » On peut retenir, avec Éric Bédard, trois noms qui aujourd'hui relaient cette sensibilité : John Saul, Jocelyn Létourneau et André Pratte.

La mission de John Saul

L'essayiste John Saul (né en 1947) est grandement responsable du retour en grâce des réformistes du XIXe siècle. Dans *Réflexions d'un frère siamois*, paru en anglais en 1996, puis traduit en français en 1998, il leur donne le premier rôle : celui de fondateurs du pays, de « frères siamois de nos origines », pour reprendre l'image du roman de Jacques Godbout, *Les*

---

12. Bédard, *Les Réformistes*, p. 31 et 32.

Têtes à Papineau (1981). L'accession de LaFontaine et de Baldwin à la tête du Canada-Uni, en 1842, a valeur de symbole : les deux hommes incarnent la conciliation et la collaboration, valeurs cardinales du nouveau pays canadien. Ce dernier ne ressemble en rien aux « État[s]-nation[s] monolithique[s] du 19e siècle » et repose sur « trois piliers, trois expériences : l'autochtone, la francophone et l'anglophone ». Par conséquent, les poignées de main échangées de part et d'autre de la rivière des Outaouais rythment le récit de John Saul. Il écrit :

> Que les diverses écoles d'historiens et de politiciens n'aient cherché dans ce processus que ses failles et qu'on n'ait voulu y voir que les torts qui ont été infligés ou que les victoires qu'un parti a remportées sur l'adversaire, c'est là une autre question. Mais ce que signifiait la poignée de main qu'ont échangée Baldwin et LaFontaine, Louis-Joseph Papineau et William Lyon Mackenzie ou, en fait, des milliers d'autres, moins connus, était clair.

La « collaboration » entre Papineau et Mackenzie, que Saul surestime peut-être dans la mesure où la relation entre les deux hommes n'a jamais fait l'objet d'une étude historique sérieuse, est inscrite dans une perspective d'achèvement, celle de la poignée de main de leurs successeurs réformistes. Un lien solide est de nouveau tissé. L'écrivain va suffisamment loin pour récupérer autant que faire se peut la figure de l'indomptable Papineau dans le grand récit canadien : « La coalition qu'ont tentée Mackenzie et Papineau et qu'ont réussie LaFontaine et Baldwin constitue le fondement de la sensibilité canadienne. » Les buts des premiers ont trouvé leur aboutissement dans ceux des seconds.

Évidemment, le républicain qui s'oppose, après 1847, aux politiques du grand des grands, Louis-Hippolyte LaFontaine, ne peut être complètement récupéré. On n'efface pas tous les traits de la dissidence. Papineau n'est donc pas le véritable héros de notre histoire, du moins si l'on se fie aux catégories de John Saul. Ce dernier sépare les eaux : d'un côté, il y a un nationalisme négatif ; de l'autre, il y a, on s'en doute, un nationalisme positif. Il va sans dire que les concepts sont connotés… positivement et négativement. Du côté du nationalisme négatif, les émotions prennent le dessus sur la raison (un spectre hante le Canada : Pierre Elliott Trudeau), on fait de certaines questions (comme la question nationale) des impératifs indépassables qui bloquent tous les autres progrès de la société, on cherche à fonder un récit de martyrs et de victimes. Il s'agit d'un nationalisme frileux et défensif. De l'autre côté, « [le] nationalisme positif est un mouvement humaniste qui prône des réformes continues afin d'améliorer la vie de la communauté. Cela comprend le bien-être économique, mais uniquement en ce qu'il résulte de facteurs plus importants — le service du bien public, un individualisme résolument responsable et la promotion de la culture ».

À la croisée des chemins, on retrouve Louis-Joseph Papineau. John Saul, qui reprend l'idée d'écartèlement entre modernité et monde ancien défendue par Fernand Ouellet, fait de Papineau un homme politique qui est à l'intersection des nationalismes positif et négatif et qui ne fait pas le bon choix, surtout après son retour d'exil. Dans ce passage, où l'auteur nous apprend que Papineau a alors « surtout contribué à donner de la respectabilité au nationalisme conservateur », il force un peu trop la note : « "Le clergé et les seigneurs sont la sauvegarde du pays", affirmait-il. De maintes façons, c'est lui qui a permis à Mgr Bourget et à ses alliés ultramontains de se draper du manteau du nationalisme. Et ceux-ci allaient retourner ce manteau du côté du nationalisme négatif. » Raisonnement étonnant : vers 1845, Papineau, plutôt marginalisé sur la scène politique, aurait été à ce point influent qu'il aurait permis à l'ultramontanisme de prospérer, comme si Mgr Bourget avait attendu le retour du grand homme pour s'imposer ? La corrélation ne tient pas la route. Peu importe, puisque le nationalisme négatif sert surtout à mettre en relief le nationalisme positif de celui qui fit les bons choix, au contraire de son ancien « maître ». On devine la suite :

> Papineau a d'abord été suivi de nationalistes d'un autre type. LaFontaine puis Cartier, du côté positif, ont essayé de faire reculer l'Église, de créer un système public d'éducation géré par l'État, de consolider la démocratie et d'accroître le rôle des francophones dans la fonction publique, sous la direction d'Étienne Parent, le patron des fonctionnaires du Canada de 1842 à 1872[13].

Voilà une série de chiasmes étonnants : ce programme politique et social, qui rappelle curieusement celui des patriotes avant 1837, repousse le chef de ces derniers, Papineau, du côté des ultramontains, des ennemis du progrès. Le grand homme politique, qui aurait précédé LaFontaine sur la

---

13. John Saul, *Réflexions d'un frère siamois. Le Canada à l'aube du XXIe siècle*, trad. de Charlotte Melançon, Montréal, Boréal, 1998, p. 25, 89, 25, 74, 290, 295-296, 296.

voie de la collaboration, a contribué à l'édification du pays canadien, mais c'est son disciple qui lui a tout simplement donné naissance. Date de naissance : 1842 ou 1848.

L'année de l'obtention du gouvernement responsable, temporaire (1842) ou définitive (1848), est en quelque sorte le premier chapitre du récit canadien de John Saul. L'originalité du nouveau pays : en plein XIXe siècle, tandis que l'idée d'État-nation déchire l'Europe, des hommes politiques comme LaFontaine font le choix de la collaboration entre les peuples. Une certaine téléologie libérale (celle du parti) semble s'imposer :

> Les événements de 1848 et 1849 sont interprétés et mesurés sous l'angle de l'option européenne de l'État-nation monolithique, ce qui est curieux puisque l'essence du mouvement réformiste canadien qui est parvenu au pouvoir en 1848 est l'idée d'un État bilingue fondé sur l'immigration, les religions multiples et les différences régionales. Autrement dit, un modèle non monolithique, non européen[14].

Cette idée du pays canadien s'incarne dans le parcours de grands Canadiens. John Saul a ainsi créé sa collection de biographies intitulée « Extraordinary Canadians », publiée en anglais chez Penguin Books et en français aux Éditions du Boréal. On s'y attache aux vies de Lester B. Pearson, Mordecai Richler, René Lévesque, Glenn Gould, Norman Bethune, Pierre Elliott Trudeau, Marshall McLuhan, Louis Riel et

---

14. John Saul, *Louis-Hippolyte LaFontaine et Robert Baldwin,* traduction d'Hélène Paré, Montréal, Boréal, 2011, p. 21-22.

Gabriel Dumont, Louis-Hippolyte LaFontaine et Robert Baldwin (biographie écrite par Saul lui-même), Wilfrid Laurier (biographie écrite par André Pratte). Le nationaliste négatif Papineau ne figure pas dans cette collection.

Jocelyn Létourneau

Depuis quelques années, le métahistorien de l'Université Laval ne cesse de réclamer de nouveaux récits pour répondre à cette question : « Quelle histoire proposer du Québec pour quelle identité d'avenir à construire de cette société[15] ? » Pour ce faire, Jocelyn Létourneau vise le milieu : à l'en croire, les Québécois ont toujours refusé les extrémités de l'histoire. Ils ont toujours su manœuvrer pour éviter les obstacles. Dans *Que veulent vraiment les Québécois ?* (2006), l'historien tire ainsi parti de l'idée d'ambivalence du peuple québécois qu'il emprunte à Yvan Lamonde, lequel refusera pourtant de considérer ce trait comme une qualité du peuple québécois[16]. Mais Jocelyn Létourneau y voit un fil conducteur : « Pour avancer, les Québécois ont toujours cherché des voies de passage mitoyen ou médian vers l'avenir, voies réformistes plutôt que révolutionnaires, conciliantes plutôt que violentes, prudentes plutôt que risquées[17]. » Ces couples antinomiques montrent à quel point les Rébellions de 1837 et 1838 seraient

---

15. Jocelyn Létourneau, *Le Québec entre son passé et ses passages,* Montréal, Fides, 2010, p. 13.

16. Voir Yvan Lamonde, « Ce que veulent les Québécois... vraiment ? », *Le Devoir,* 14 décembre 2006.

17. Létourneau, *Le Québec entre son passé et ses passages,* p. 66.

éloignées des voies médianes propres au peuple québécois.
Comment intégrer un événement révolutionnaire, violent et
risqué dans un récit de réformes, de conciliation et de prudence ? Voyons comment Jocelyn Létourneau relève ce défi.

Il s'agit d'abord de désamorcer autant que faire se peut la
puissance de l'événement en réduisant sa portée. Jocelyn
Létourneau écrit ainsi : « En pratique, l'ambition de certains
acteurs de refonder la société dans un projet de canadianité
radicale entre en opposition, voire en conflit, avec la volonté
d'autres acteurs, plus nombreux, de consolider le processus
de construction et d'institution d'une *canadianité modérée* au
Bas-Canada. » Il ajoute : « Même au plus fort de la tourmente
séditieuse, le projet de canadianité modérée est celui qui rallie
la plus grande partie de la population, bon gré, mal gré. »
Malheureusement pour nous, on ne trouve aucune référence
ou source qui permet d'affirmer que cette voie modérée ait
été dominante au Bas-Canada. On ne saurait même affirmer
ce qu'elle était exactement à cette époque : bien qu'il y ait eu
une voie médiane chez Étienne Parent (dont la parole, à en
croire Létourneau, aurait été aussi écoutée que celle de Papineau), lequel a freiné assez tôt sa propre ardeur dans les pages
du *Canadien,* on peut se demander si ce n'est pas cette voie
qui a engendré, à force de refus et de rebuffades, la voie radicale. Comment pourrait-on les séparer et les définir aussi clairement ? Cela ne gêne nullement l'historien, qui prépare le
terrain pour la victoire des réformistes de 1848. La canadianité modérée d'après l'Union, projetée rétrospectivement sur
les années 1830, (re)devient la trame principale de l'histoire
canadienne-française, dégagée d'une canadianité radicale
limitée à un épisode révolutionnaire qui n'aurait pas rallié la
majorité : « Dans la conjoncture des années 1830, le projet de

canadianité modérée reflète le désir des Canadiens de profiter à la fois de la responsabilité ministérielle (pôle de l'autonomisation), d'une relation privilégiée avec l'Empire (pôle de la collaboration), du maintien de l'identité héritée (pôle de la continuation) et de l'occasion de se construire une nationalité culturelle toujours plus affirmée (pôle de la refondation). » De nouveau, le prix de la continuité du récit historique est un travestissement : l'obtention du gouvernement responsable comme synecdoque des revendications patriotes au cours des années 1830. La présence d'Étienne Parent est une caution, comme si les pages de son journal résumaient la vie politique du Bas-Canada.

LaFontaine reprend le flambeau de la canadianité modérée, voie naturelle des Bas-Canadiens, « projet que les insurrections de 1837-1838 avaient singulièrement abîmé en laissant les Canadiens sans autre option d'avenir que l'union forcée ». Cette voie du milieu n'est pas facile, surtout au moment où, en 1840, les habitants du nouveau Canada-Est semblent dans les cordes. Jocelyn Létourneau, par un bel anachronisme, projette en quelque sorte la situation de 1980 sur celle de 1840. LaFontaine vaut bien Lévesque : « Par le biais d'une stratégie du "beau risque", LaFontaine visait en effet à ramener ses compatriotes au cœur de leur espace politique de (p)référence, soit celui qui leur permettait d'être avec et contre l'Autre, avec et contre les grands ensembles et avec et contre eux-mêmes[18]. » Ce ne sera pas la dernière fois que la

---

18. Jocelyn Létourneau, *Que veulent vraiment les Québécois ? Regard sur l'intention nationale au Québec (français) d'hier à aujourd'hui*, Montréal, Boréal, 2006, p. 39, 40, voir p. 42 (sur Étienne Parent), 40, 48, 47-48.

position des réformistes après l'échec des Rébellions est comparée, fût-ce implicitement, à celle des souverainistes après les échecs référendaires. Éric Bédard croit ainsi que sa génération, qui émerge au cours des années 1990, a été et sera confrontée à des défis analogues à ceux qu'ont relevés les réformistes[19]. Alors que Papineau s'est exilé, LaFontaine, lui, est demeuré, a repris les rênes du pouvoir et a obtenu le gouvernement responsable. N'est-ce pas ce pour quoi se battaient Papineau et les patriotes ?

Dans *Le Québec entre son passé et ses passages,* essai paru en 2010, le procédé est le même que dans *Que veulent vraiment les Québécois ?* : une tentative pour désamorcer la charge violente des Rébellions, une attention quasi exclusive à l'obtention du gouvernement responsable, qui unit 1830 à 1848. C'est presque une vision trudeauiste[20] qui se révèle ici, tant l'historien, comme l'intellectuel devenu colombe, tente de minimiser l'impact des Rébellions : « Certes, en 1837-1838 il y a les Rébellions. On aurait tort toutefois de surévaluer leur

---

19. Voir Bédard, *Les Réformistes,* p. 11-12.

20. « Non pas que je méconnaisse le Jacobinisme de Papineau, ni la confusion admirable des Patriotes, ni les luttes parlementaires de La Fontaine et des nationalistes subséquents ; mais enfin, la minuscule poignée d'authentiques héros qui s'arma de fourches en 1837, et le peuple peu passionné qui eut tout juste l'audace de s'armer efficacement de bulletins de vote trois ou quatre fois depuis une centaine d'années, se chalaient fort peu de la responsabilité ministérielle et du contrôle de la liste civile : ils voulaient tout simplement mettre les Anglais à leur place. » (Pierre Elliott Trudeau, « La démocratie est-elle viable au Canada français ? », *L'Action nationale,* vol. 44, n° 3, novembre 1954, p. 195-196.)

importance et leur signification historiques. Malgré leur retentissement, il faut considérer les soulèvements comme des incidents de parcours. » Dans cette perspective, Jocelyn Létourneau dissout 1837 dans un grand bloc qui va de 1830 à 1850. Le gouvernement responsable est l'élément liant :

> Au total, l'évolution politique de la colonie durant ces vingt ans permet cependant aux Canadiens (français) et à la petite bourgeoisie canadienne(-française) modérée, d'un côté, et à Londres et à la grande bourgeoisie d'affaires en voie de canadianisation, de l'autre, d'obtenir l'essentiel de ce qu'ils réclamaient ou espéraient avant les troubles : pour les premiers, la responsabilité ministérielle et une place élargie dans l'administration et la régulation de la colonie s'autonomisant ; pour les deuxièmes, la stabilisation politique du Bas-Canada, le maintien des avantages acquis et la possibilité d'une expansion à venir de la colonie dans l'axe du capitalisme industriel et celui du libre-échange[21].

Le gouvernement responsable s'est donc imposé malgré les Rébellions, malgré cet accident de parcours. On ne peut faire dévier aussi facilement le récit d'un peuple prudent, conciliant et réformiste. C'est aussi l'opinion d'un journaliste qui se fait historien : André Pratte.

---

21. Létourneau, *Le Québec entre son passé et ses passages*, p. 78-79.

André Pratte

André Pratte, éditorialiste en chef du quotidien *La Presse,* s'aventure depuis quelque temps du côté de l'écriture de l'histoire. Il s'est donné pour mission de s'introduire au musée et de renverser quelques idoles. À commencer par le mythe qui tiendrait lieu d'histoire nationale : « Je veux seulement souligner à quel point l'histoire telle qu'on l'enseigne ici mène inévitablement les Québécois à croire qu'ils ont été constamment martyrisés. » Les vrais héros, ce sont les oubliés de cette histoire de vaincus, de victimes et de martyrs. Le peuple québécois aime l'échec et ceux qui l'y ont conduit. En tirant ses cartouches de gros sel, André Pratte abat Papineau : « Entre le "système d'opposition à outrance" de Papineau et la participation efficace au gouvernement adoptée par La Fontaine, nous choisissons toujours Papineau, même si son combat à lui a mené à l'impasse, tandis que celui de La Fontaine a amélioré le sort de ses concitoyens. » On peut chercher longtemps la prétendue célébration de Papineau, qui semble davantage un exproprié de l'histoire qu'un héros romantique. Doit-on rappeler que l'homme politique le plus important du XIXe siècle québécois est pratiquement disparu des programmes d'histoire ? Doit-on rappeler que le premier monument dédié à Louis-Joseph Papineau date de 2002 ? Le soi-disant oublié de l'histoire, Louis-Hippolyte LaFontaine, a reçu un hommage analogue dès 1921. Le choix du héros déchu au détriment du vainqueur courageux dont parle André Pratte est-il réel ?

Pratte ne s'arrête pas en si bon chemin. Sa sévérité envers les uns n'a d'égal que sa tolérance envers les autres. Dans le passage qui suit, il considère que le cinéma québécois — c'est-à-dire celui de Pierre Falardeau — ne comprend pas du tout le potentiel des vies de certains politiciens :

> Nos héros sont ceux qui ont claqué la porte : Papineau, Bou-
> rassa (Henri, pas Robert !), Lévesque, Bouchard. Qui a pro-
> duit un film sur l'habile La Fontaine ? Sur le bâtisseur George-
> Étienne Cartier, homme vaniteux, corrompu (quel politicien
> ne l'était pas à cette époque ?), mais dont les réalisations sont
> aussi nombreuses que remarquables ? Au mépris de l'effica-
> cité de leur politique, on les considère comme des traîtres
> parce qu'ils ont osé négocier avec les anglophones. « Les
> modérés, les peureux, ceux qui profitent du régime », accuse
> le curé Marier dans *15 février 1839*.

La justification de la corruption de George-Étienne Cartier ne manquera pas d'étonner : tous les politiciens étaient
corrompus (Papineau ne le fut pourtant pas), donc il est tout
à fait normal que Cartier l'ait aussi été.

La prémisse laisse pour le moins perplexe. D'où sort
ce « fait » historique ? Ne s'agit-il pas plutôt d'une opinion
que se forge l'écrivain à partir d'une lecture de surface de
l'histoire ? C'est d'ailleurs là le principal problème du travail historique d'André Pratte : une volonté de renverser tous
les mythes de l'histoire nationale afin de réinstaurer la vérité
historique, qui n'est rien d'autre que l'histoire tronquée
et tout aussi mythique du Canada, terre de collaboration et
de conciliation. Le chemin narratif est tracé d'avance ; reste
à le borner par des faits qui ne sont nullement prouvés et
qui finissent par se confondre avec les opinions de l'écrivain sur l'époque. Comme chez Jocelyn Létourneau (qu'André Pratte cite), la lecture des Rébellions et la place accor-

dée au gouvernement responsable sont, en ce sens, tout à fait révélatrices.

En lisant Gérard Bouchard, pour qui les Rébellions furent l'occasion avortée d'une nation civique et moderne, André Pratte s'étonne. Il est impossible de croire que l'élan s'est arrêté brusquement en 1838 : « Dans son texte, Gérard Bouchard fait curieusement fi de tous les gains obtenus par Louis-Hippolyte La Fontaine, puis par George-Étienne Cartier. » Limitant en quelque sorte la question de l'indépendance à une question de langue (il n'est pas le premier à réduire la question politique à une telle question culturelle), le journaliste s'interroge sur les conséquences d'une victoire patriote : « [I]l est loin d'être certain que la victoire des Patriotes aurait donné naissance à un Canada français indépendant, où l'avenir de notre langue aurait été éternellement assuré. Papineau ne rêvait-il pas, à la fin de sa vie, d'une annexion aux États-Unis, sachant très bien que le français n'y survivrait pas ? » Mieux encore, Pratte ose briser de prétendus tabous sur la violence révolutionnaire :

> On ne sait pas non plus comment les rebelles, s'ils avaient vaincu, auraient gouverné le « Bas-Canada ». Il est sans doute interdit de le mentionner, et pourtant : il existait dans le comportement rebelle une nette tendance à l'intolérance dont on peut craindre qu'elle aurait dégénéré en Terreur miniature, ou à tout le moins en un gouvernement excessivement autoritaire. On le voit dans le mythe du chef, bâti autour de la personnalité de Papineau. On perçoit aussi des signes inquiétants dans l'exclusion immédiate de tout Patriote qui osait s'opposer aux tactiques plus radicales. On le voit enfin dans le recours aux « charivaris » et aux menaces contre les Cana-

diens qui avaient le malheur de se montrer trop tièdes dans
leur appui à la cause patriote.

On retrouve ici une tendance à réinitialiser la vieille
crainte (elle remonte à la fin du XVIIIe siècle) de la Révolution française, résumée par cette idée de « Terreur miniature ». La Providence a protégé le Bas-Canada : elle l'a sauvé
des affres de la Révolution française et en a fait la branche
saine de l'arbre de saint Louis. Les ecclésiastiques et l'élite bas-
canadienne post-Rébellions rebattront sans cesse cette carte.
Ainsi, lorsqu'André Pratte veut deviner ce qu'aurait pu être
l'histoire d'une révolution au Bas-Canada, il refait le parcours
de la grande Révolution française. À la Grande Terreur cor-
respond une « Terreur miniature » (nous ne sommes qu'au
Québec, après tout). Papineau tel un Robespierre laurentien ?
Les frères Robert et Wolfred Nelson, Louis-Joseph Papineau,
Edmund Bailey O'Callaghan et Bonaventure Viger dans un
Comité de salut public ? Une place de la Révolution, sur le
bord du Richelieu, où s'élèverait une guillotine pour éliminer
les ennemis du nouvel État ? André Pratte peut remercier le
ciel de l'échec de 1837 et 1838.

On peut aussi se demander en quoi le « mythe du
chef » Papineau, attesté par plusieurs historiens et témoins
de l'époque, constitue l'indice d'un gouvernement patriote
« excessivement autoritaire ». Le lecteur d'aujourd'hui
connaît l'histoire du XXe siècle : les cultes de la personnalité,
en URSS et en Allemagne, ont bien sûr conduit aux pires
infamies. Mais peut-on se permettre ces comparaisons, surtout dans le cadre québécois et à une tout autre époque ?
Pourquoi ne pas plutôt comparer le mythe du chef Papineau à celui de René Lévesque ? Et Wilfrid Laurier, dont le

portrait ornait tant de maisons canadiennes, est-il devenu un despote ? Sa biographie, écrite par André Pratte, ne le donne pas à penser[22].

On devine qu'André Pratte, comme John Saul et Jocelyn Létourneau, préfère la modération de l'homme qui obtiendra le gouvernement responsable. De nouveau, cette revendication résume les combats patriotes :

> Or, en s'alliant à Baldwin, La Fontaine a fait avancer les causes du gouvernement responsable et de la langue française bien plus que des tactiques radicales ne l'avaient fait. Pour sa part, en travaillant avec Macdonald, Cartier a permis aux Canadiens français de regagner leur autonomie au sein du Canada, tout en obtenant une protection contre les États-Unis et en mettant en place les conditions de la prospérité. Et c'est Cartier qui a aboli le régime seigneurial, revendication des Patriotes radicaux à laquelle Papineau, lui-même seigneur, s'était opposé[23].

Tout se passe comme si les gains de LaFontaine conditionnaient la lecture d'André Pratte, qui croit que des « tactiques radicales » (il doit parler des Rébellions) n'ont pas permis de faire avancer les causes du gouvernement responsable et de la langue française. Peut-être que ces causes n'étaient pas tout à fait les plus urgentes, non plus, à cette époque : nous avons

---

22. Voir André Pratte, *Wilfrid Laurier*, Montréal, Boréal, 2011.

23. Voir André Pratte, *Aux pays des merveilles. Essai sur les mythes politiques québécois*, Montréal, VLB, 2006, p. 98, 105, 102, 33, 100-101, 101 et 102.

suffisamment discuté, jusqu'à présent, du gouvernement responsable pour comprendre la place qu'occupait cette question dans les débats des années 1830 ; la langue française ne semble pas, du moins dans les interventions politiques de Papineau, occuper une grande place[24]. C'est l'Acte d'Union, sans doute, qui a changé la donne. Plus loin, toujours dans le même ouvrage, l'alliance entre les réformistes de chaque côté de la rivière des Outaouais est évoquée par l'écrivain, qui s'attaque encore au film *15 février 1839* de Pierre Falardeau : « Quel Québécois connaît l'histoire des Rébellions de 1837, au-delà du fait que des méchants Anglais ont combattu les bons Français, au-delà de ce que Falardeau en a raconté ? Combien savent que les rebelles du Bas-Canada firent alliance avec ceux du Haut-Canada, autrement dit que la cause du gouvernement responsable transcendait les "races" ? Que la répression des "troubles" fut encore plus dure au Haut-Canada[25] ? » Il n'est sans doute pas mauvais qu'André Pratte rappelle que les Rébellions ne sont pas nécessairement une guerre entre deux « races », comme l'écrivit Lord Durham dans son rapport. Le problème réside dans cette idée de gouvernement responsable comme cause commune qui unit les deux groupes.

Pratte s'attaque de nouveau à cette question dans sa

---

24. Voir, à ce propos, les commentaires d'Yvan Lamonde et Claude Larin sur une des rares interventions de Papineau sur le sujet, « Langue et procédés judiciaires », Chambre d'assemblée, 6 mars 1833, repris dans *Louis-Joseph Papineau, un demi-siècle de combats. Interventions publiques*, choix de textes et présentation d'Yvan Lamonde et Claude Larin, Montréal, Fides, 1998, p. 248.

25. Pratte, *Aux pays des merveilles*, p. 103.

récente biographie de Laurier, parue dans la collection
« Extraordinary Canadians » de John Saul. Comme LaFontaine, dont il « emprunte résolument le chemin » après avoir
été séduit, dans sa jeunesse de journaliste, par « l'intransigeance de Papineau », Laurier devient une figure de compromis (et non de compromission). Les tergiversations et les lou-
voiements du politicien sont en quelque sorte tolérés et
rachetés par le biographe, qui y voit les marques d'un grand
leader canadien. Il est normal que le parcours de l'homme
politique soit « riche d'enseignements » : « [C]'est Laurier
qui, mieux que tout autre avant lui et depuis, montra aux
Canadiens la seule voie possible, celle du compromis. » Le
biographe retrace les débats de l'époque :

> Pendant la jeunesse de Wilfrid Laurier, de vifs débats font
> rage au Bas-Canada. Débats, d'abord, sur la meilleure
> manière pour les Canadiens français de survivre dans le
> Canada-Uni qui a résulté du rapport Durham. Faut-il résister
> de toutes ses forces, comme le soutient le grand Papineau ?
> Ou faut-il, comme le prône le pragmatique Louis-Hippolyte
> LaFontaine, chercher des alliés chez les anglophones afin
> d'obtenir le gouvernement responsable pour lequel les
> patriotes avaient combattu[26] ?

Le travestissement historique est bel et bien fiché au cœur
de sa glose. Nul doute que le gouvernement responsable
occupe désormais une place qu'il n'avait pas au début de
notre parcours historiographique. Certes, plusieurs histo-

---

26. Pratte, *Wilfrid Laurier,* p. 24, 10 et 20.

riens, comme Louis-Georges Harvey et Éric Bédard, ne tombent pas dans le panneau. Il n'empêche que le flou définitionnel du concept ainsi que la confusion volontaire, engendrée par un besoin impérieux de continuité dans un récit dont la violence et la rupture ont été éliminées, ont fini par marquer l'imaginaire des Rébellions. Les politiciens, les plaques commémoratives et, plus grave encore, les manuels scolaires relayent désormais l'erreur historique.

Contamination de l'espace public québécois

Le 24 septembre 2011, on pouvait lire dans le quotidien *Le Devoir* : « C'est en 1848 qu'on assiste à la mise en place du gouvernement responsable du Canada-Uni, une des principales demandes de Papineau[27]. » De nouveau, une erreur s'est glissée, cette fois-ci dans un article consacré aux « fièvres démocratiques du Québec ». Le journaliste Antoine Robitaille, qui a le sens de l'histoire et une vue large sur les enjeux politiques, n'est pourtant pas le seul à blâmer : les premiers ministres Parizeau et Charest se trompent, les manuels scolaires se trompent, tout le monde se trompe. On ne cherche plus à travestir la vérité historique : on croit dire, tout bonnement, la vérité.

Aussi, comment peut-on dire autre chose que ce que les lieux de mémoire nous apprennent ? Premier arrêt : Saint-Charles-sur-Richelieu. C'est là que se déroula, le 23 oc-

---

27. Antoine Robitaille, « De quelques fièvres démocratiques dans l'histoire du Québec », *Le Devoir,* 24 septembre 2011.

tobre 1837, l'assemblée des Six Comtés. On s'y souvient encore de la présence et du discours de Papineau : le visiteur pourra ainsi manger au restaurant La tête à Papineau, sur la route 133, devenue chemin des Patriotes en 1977. Le visiteur remarquera ensuite, au bord de la rivière Richelieu, une colonne de bois, copie du mât de la Liberté dédié à Papineau, le 23 octobre 1837, et emporté par les soldats britanniques lors de leur victoire du 25 novembre de la même année. Un peu plus loin, un panneau de l'ancienne Commission des monuments historiques du Québec, qui installa des plaques commémoratives jusqu'au milieu des années 1960, apprend ceci au visiteur : « L'Assemblée des Six-Comtés, qui formula les principes du gouvernement responsable, eut lieu à Saint-Charles le 23 octobre 1837. » Parle-t-on ici du gouvernement responsable tel que l'a obtenu LaFontaine en 1848 ? Sans plus de détails, on conservera sans doute cette impression. Comme nous l'avons vu plus haut, dans son « Adresse de la Confédération des Six Comtés », Papineau a eu des formules qui peuvent confondre le lecteur pressé : il parla notamment du « système de gouvernement entièrement dépendant du peuple et qui lui soit directement responsable ». On ne peut tirer beaucoup plus d'informations de ces déclarations imprécises, sinon qu'il ne s'agit pas d'une responsabilité à la britannique. Croire que l'assemblée tenue à Saint-Charles a été l'occasion de « formuler les principes » du gouvernement responsable tient au mieux de la confusion, au pire de l'erreur historique pure et simple.

Second arrêt : la colline Parlementaire, à Québec. Nous l'avons dit : le monument dédié à Papineau n'a été inauguré qu'en 2002. À cette occasion, la Commission de la capitale nationale a fait paraître un dépliant qui présentait à la fois les artistes ayant créé le monument et la vie de Papineau. La responsabilité ministérielle a maintenant sa place dans les revendications des 92 Résolutions : « Ébauchées par Papineau, présentées à la Chambre d'assemblée en février 1834, les 92 Résolutions consolident les revendications sur l'électivité du Conseil législatif, la responsabilité ministérielle et le contrôle du budget[28]. » Par chance, le monument lui-même ne relaye pas cette information. Cela dit, il reste terriblement silencieux sur les événements de 1837. Les mots gravés présentent un homme politique, c'est tout : « LOUIS-JOSEPH PAPINEAU 1786-1871. Orateur de la Chambre de l'Assemblée du Bas-Canada de 1815 à 1823 et de 1825 à 1838. » Aucune référence au fait qu'il fut chef du Parti patriote, chef de l'insurrection ou de la rébellion de 1837. On trouve pourtant de tels titres de noblesse sur la plaque de la Commission nationale des monuments historiques apposée sur sa maison de Montréal (rue Bonsecours) ainsi que sur la plaque installée par le ministère des Affaires culturelles du Québec sur son manoir de Montebello. Deux citations apparaissent aussi sur le monument de la colline Parlementaire : des vers de Louis Fréchette ainsi qu'un extrait du discours que Papineau prononça à l'Institut canadien de Montréal en décembre 1867. Dans les deux cas, aucune référence à 1837.

À l'inauguration du monument, les politiciens n'auront donc eu aucun mal à passer sous silence la violence révolutionnaire. Bernard Landry, alors premier ministre, parlera

---

28. Commission de la capitale nationale, « Louis-Joseph Papineau, orateur de la Chambre d'assemblée du Bas-Canada de 1815 à 1823 et de 1825 à 1838 », Québec, La Commission, s.d., s.p.

tout de même d'un « mouvement d'idées mais, hélas, comme il est arrivé trop souvent dans l'histoire de l'humanité, ces idées, pour qu'elles triomphent, ont comporté un élément de violence tragique[29] ». Ce face-à-face avec la violence révolutionnaire, au-delà de l'accident de parcours dont parleront Jocelyn Létourneau et André Pratte, est tout à l'honneur d'un politicien. L'adjointe au chef de l'opposition officielle de l'époque, la députée de Saint-François, Monique Gagnon-Tremblay, ne suivra pas l'exemple du premier ministre. Elle semble même confondre Papineau avec un Étienne Parent qui aurait été tout particulièrement timoré : « De tous les patriotes, Louis-Joseph Papineau était certainement le plus modéré. » Sans 1837, sans la violence révolutionnaire, elle peut donc le ramener vers son parti : « Louis-Joseph Papineau était un libéral et, plus que la simple survie d'une nation, il embrassait l'idée de redéfinir une société tout entière[30]. » Et tant qu'à tirer vers soi un personnage historique, pourquoi ne pas faire subrepticement le lien avec un autre chef politique que récupéreront les libéraux des

---

29. Bernard Landry, « Notes pour une allocution du premier ministre, M. Bernard Landry, à l'occasion du dévoilement de la statue de Louis-Joseph Papineau, 12 décembre 2002 », document disponible sur le site Internet de la Bibliothèque de l'Assemblée nationale du Québec, www.bibliotheque.assnat.qc.ca/01/mono/2009/07/724947.pdf (consulté le 24 juin 2011).

30. Monique Gagnon-Tremblay, « Notes d'allocution. Dévoilement de la statue de Louis-Joseph Papineau, 12 décembre 2002 », document disponible sur le site Internet de la Bibliothèque de l'Assemblée nationale du Québec, www.bibliotheque.assnat.qc.ca/01/mono/2009/06/737200.pdf (consulté le 1er décembre 2011).

années 2000 : Louis-Hippolyte LaFontaine, dont Jean Charest
dévoilera une statue en 2003 ? Capable d'analyses sur la
longue durée, chose rare en journalisme politique, Michel
David notait, la même année :

> M. Landry reproche à Jean Charest d'avoir commis une
> erreur d'interprétation historique en refusant de participer
> aux célébrations de la première Journée nationale des
> Patriotes, lundi. Selon lui, son successeur a oublié que le Parti
> rouge d'Antoine-Aimé Dorion, ancêtre du PLQ, était l'héri-
> tier du Parti patriote de Louis-Joseph Papineau. En réalité, le
> PLQ de Jean Charest descend plutôt d'un groupe dissident du
> Parti patriote, plus modéré, qu'animait Étienne Parent. Au
> risque de pécher par anachronisme, on pourrait dire que ces
> « mous » avaient déjà un concept sociologique de la nation,
> tandis que le nationalisme de Papineau comportait une forte
> dimension politique. Dans l'arbre généalogique du PLQ qu'il
> a annexé à son essai intitulé *Les valeurs libérales et le Québec*
> *moderne*, rédigé à la demande de M. Charest, Claude Ryan
> établit une filiation plus directe avec le Parti réformiste de
> Louis-Hippolyte LaFontaine, lui-même issu de la branche
> modérée, qu'avec les radicaux de Dorion, qui s'opposaient au
> projet de fédération canadienne, lui préférant une forme de
> souveraineté-association[31].

Ainsi, les propos de Mme Gagnon-Tremblay à l'occasion
du dévoilement du monument dédié à Papineau ne nous sur-
prennent pas :

---

31. Michel David, « Les Patriotes du PLQ », *Le Devoir*, 22 mai 2003.

On retrouve dans le programme du parti patriote, fortement inspiré du modèle américain, des propositions pour assurer l'indépendance judiciaire des tribunaux, l'élection du Conseil législatif, la responsabilisation de l'exécutif, bref, des éléments tellement fondamentaux de notre société actuelle que nous pouvons difficilement imaginer une société différente[32].

Que faut-il entendre par « responsabilisation de l'exécutif » ? La formule est floue. Donnons le bénéfice du doute à Mme Gagnon-Tremblay. Par contre, l'inauguration du monument LaFontaine ne permet pas une telle indulgence.

Le 5 novembre 2003, le quotidien *Le Devoir* titrait : « Louis-Hippolyte Lafontaine revient devant l'Assemblée nationale ». Le verbe était bien choisi : inaugurée en 1921, la même année que celle de Robert Baldwin, la statue de Louis-Hippolyte LaFontaine avait été déplacée en 1977 pour être ensuite entreposée. Récupérée par la Ville de Boucherville en 1982, qui la plaça dans le parc La Broquerie, où se trouve la maison d'enfance de l'homme politique, elle fut rapatriée en 2002. Une copie identique fut ensuite offerte à Boucherville[33].

Bref, la statue de LaFontaine est officiellement de retour devant l'Assemblée nationale en novembre 2003. Le discours du nouveau premier ministre, Jean Charest, est vraisemblablement rédigé par des fonctionnaires : il est factuel, sans

---

32. Gagnon-Tremblay, « Notes d'allocution. Dévoilement de la statue de Louis-Joseph Papineau ».

33. Frédéric Lemieux, « Hommage au passé et au rapprochement entre les peuples », *Bulletin, Bibliothèque de l'Assemblée nationale,* vol. 32, n°s 1-2, avril 2003, p. 32-33.

débordements, sans patriotisme impétueux. Néanmoins, il participe d'un mouvement double qu'on connaît bien : établir que la révolte des patriotes et les revendications de Papineau avaient pour objet l'établissement d'un gouvernement responsable ; montrer que la conciliation des réformistes a permis de réussir là où la violence avait échoué. Jean Charest plonge : « Pour Lafontaine, la voie de la révolte est sans issue et elle est surtout source de trop de souffrances. Profondément épris de justice, fier de ses origines et de sa langue, il décide de remplacer le bruit des armes par le poids des mots. » Le premier ministre ajoute : « Lafontaine obtiendra par la politique ce que le soulèvement n'a su procurer aux siens. Il fait le pari québécois de réformer de l'intérieur le Parlement colonial, alors basé à Kingston. » Cette dernière phrase est particulièrement révélatrice : d'emblée, on sera étonné par l'épithète « québécois » tant l'anachronisme est évident. Cependant, on finit par comprendre que Jean Charest évoque ainsi une situation qui a perduré jusqu'à nos jours, comme si le pari de la conciliation avait été reconduit sans cesse depuis. La rénovation depuis l'intérieur : la formule se décline sous diverses formes, notamment sous celle du fédéralisme, par lequel on travaille à l'intérieur plutôt qu'à l'extérieur. À la violence qui fait éclater les cadres on oppose le travail des mots, la volonté de faire les changements sans brûler les meubles. On a toutes les raisons de ne pas être violent, symboliquement ou physiquement. Jean Charest poursuit :

En 1848, Lafontaine et Baldwin font vaciller la tutelle britannique. Le gouverneur Elgin [leur] confie les rênes d'un véritable gouvernement responsable, dans lequel peuvent se reconnaître les Canadiens français.

Louis-Hippolyte Lafontaine réalise ainsi par la voie diploma-
tique et politique le premier objectif que poursuivaient les
patriotes[34].

Le premier ministre peut dormir tranquille : on obtient ce
qu'on veut par la patience, laquelle peut s'étirer indéfiniment.
La « permanence tranquille » du peuple québécois dont parlait jadis Pierre Vadeboncœur est ici un très grand avantage
pour n'importe quel politicien.

Des manuels scolaires erronés

L'erreur est en haut, mais elle est aussi tout en bas, là où l'on
apprend à des élèves du secondaire l'histoire de leur pays. On
parle désormais d'histoire et d'éducation à la citoyenneté,
comme si la première ne pouvait tenir seule sur ses pattes.
Dans les manuels actuels, on ne peut manquer de noter la
place marginale qu'occupe Louis-Joseph Papineau. On a beau
reproduire l'œuvre de Charles William Jefferys *Papineau
addressing a crowd* [35], qui date de 1925, on a beau parler de son

---

34. Jean Charest, « Allocution du premier ministre, Monsieur Jean
Charest, lors du dévoilement de la statue de Louis-Hippolyte Lafontaine », 4 novembre 2003, document disponible sur le site Internet de la
Bibliothèque de l'Assemblée nationale du Québec, www.biblio
theque.assnat.qc.ca/DepotNumerique_v2/AffichageNotice.aspx?idn=
17166 (consulté le 1er décembre 2011).

35. Voir la page couverture de Sylvain Fortin, Maude Ladouceur, Sylvain Larose et Fabienne Rose, *Fresques. Histoire et éducation à la citoyenneté*, manuel de l'élève B, 1re année du 2e cycle du secondaire, Montréal,

talent d'orateur et de son rôle comme chef du Parti patriote, on n'y trouve guère de réflexions substantielles sur l'homme politique, lequel est pourtant au cœur des luttes du Bas-Canada de la première moitié du XIXe siècle. Comme nous le faisait remarquer Rémi Portugais, enseignant au secondaire, on trouve à peine, dans le manuel *Fresques* (2009), un portrait de l'homme politique dont la longueur et la teneur ne dépassent pas celles des portraits de James McGill et de John Molson[36]. Cette présence pour le moins étouffée est plutôt inquiétante.

Et le gouvernement responsable ? Soumis aux directives du ministère de l'Éducation, très claires sur ce sujet, tous les auteurs de manuels intègrent la responsabilité ministérielle dans la liste de doléances que constituent les 92 Résolutions[37]. Pis encore, certains en font un des éléments principaux du programme du Parti patriote. Par exemple, dans *Fresques,* la revendication du gouvernement responsable court du début du XIXe siècle jusqu'à son obtention. Le récit est lisse :

Graficor, 2007 ; voir aussi Sébastien Brodeur-Girard, Sylvain Carrière, Marie-Hélène Laverdière et Claudie Vanasse, *Le Québec, une histoire à construire. Cultures et mouvements de pensée. Pouvoir et pouvoirs. Un enjeu de société du présent,* Laval, Éditions Grand Duc, 2008, p. 368.

36. Fortin, Ladouceur, Larose et Rose, *Fresques. Histoire et éducation à la citoyenneté.*

37. Voir *ibid.,* p. 24 ; Michel Sarra-Bournet, Yves Bourdon, Yves Bégin et Francine Gélinas, *Repères. Histoire et éducation à la citoyenneté,* manuel de l'élève, 2e année du 2e cycle du secondaire, Montréal, ERPI, 2008, p. 280 ; Brodeur-Girard, Carrière, Laverdière et Vanasse, *Le Québec, une histoire à construire,* p. 656.

Les députés du Parti canadien, majoritaires à l'Assemblée législative, souhaitent orienter l'action de l'État colonial suivant leurs valeurs et leurs intérêts. Ils n'ont cependant que très peu d'influence sur le pouvoir exécutif. De plus, leur pouvoir de faire des lois est contrecarré par le Conseil législatif, dominé par le British Party. C'est pourquoi le Parti canadien se met à revendiquer des changements dans le fonctionnement des institutions politiques, dont l'obtention d'un gouvernement responsable. Il s'inspire pour cela des idées libérales et des luttes menées par les assemblées des autres colonies britanniques. [...]

À partir de la fin des années 1820, à la suite de plusieurs échecs, le Parti canadien (devenu le Parti patriote) formule des revendications plus radicales. Il demande que les membres du Conseil législatif soient élus par la population. Il réclame aussi la responsabilité ministérielle.

Les chefs politiques ne lâchent pas le morceau. Après l'Acte d'Union, les revendications ne varient guère : « un grand nombre de députés souhaitent amener l'État à tenir compte davantage de leurs intérêts. Leur priorité demeure donc l'obtention de la responsabilité ministérielle. Cet objectif nécessite une collaboration entre députés canadiens-français et canadiens-anglais[38] ».

On note une même impression de continuité dans le manuel *Le Québec, une histoire à construire,* paru en 2008. Les

---

38. Christophe Horguelin, Maude Ladouceur, France Lord et Fabienne Rose, *Fresques. Histoire et éducation à la citoyenneté,* manuel de l'élève B, 2e année du 2e cycle du secondaire, Montréal, Graficor, 2009, p. 128 et 135.

Rébellions ne changent rien aux revendications. Même qu'à l'aune de 1848, la modération semble avoir meilleur goût :

> L'échec des rébellions de 1837-1838 et l'Acte d'Union représentent un sérieux revers pour les Patriotes, mais ils ne mettent pas fin à leurs revendications libérales. Faites de manière plus modérée par des gens comme Baldwin et La Fontaine, les demandes politiques demeurent fondamentalement les mêmes (plus grande démocratie et gouvernement responsable).

Les auteurs ont aussi préparé une « Petite chronologie du libéralisme sous le Régime britannique » qui va dans le même sens :

> Vers 1800-1826 : Parti canadien, qui demande plus de pouvoirs pour la Chambre d'assemblée et un gouvernement responsable.
> 1826-1837 : Le Parti canadien devient le Parti patriote, qui réclame toujours un gouvernement responsable et une plus grande autonomie de la colonie (les *92 résolutions* en 1834).
> 1837-1838 : Rébellions des Patriotes.
> 1839-1840 : Rapport Durham et Acte d'Union.
> 1841-1851 : Parti réformiste de La Fontaine et Baldwin, qui demande le gouvernement responsable.
> 1848 : Obtention du gouvernement responsable.
> Vers 1848-1861 : Parti rouge, qui défend les idées libérales du Parti patriote. Devient le Parti libéral en 1861[39].

---

39. Brodeur-Girard, Carrière, Laverdière et Vanasse, *Le Québec, une histoire à construire,* p. 372 et 369.

La boucle est bouclée. Les élèves peuvent maintenant passer à l'étude de la Confédération canadienne.

Ce que pense Maurice Séguin en guise de conclusion

Jusqu'à présent, nous avons laissé de côté les historiens de l'école de Montréal. Le nationalisme de ces historiens paraît aujourd'hui suspect. Leur travail intellectuel aurait-il été inféodé à leurs convictions ? Au contraire, le retour en grâce des réformistes, le miroir de la défaite qu'André Pratte tend aux Québécois ainsi que la posture d'historiens comme Jocelyn Létourneau donnent à penser que les héritiers de l'école de Laval se sont taillé une place de choix dans le champ historiographique actuel. Pourtant, la pensée de Maurice Séguin (1918-1984), le théoricien des historiens de Montréal, a ceci de subversif : elle ne se trompe pas lorsque vient le temps de comprendre les tenants et aboutissants de l'obtention du gouvernement responsable. L'écueil ainsi évité nous incline à revenir sur la pensée de cet historien.

En juillet 2010, dans sa réponse à une lettre parue dans *Le Devoir* et écrite par Claude Bariteau, lequel voyait dans l'idée de « gouvernance souverainiste » du Parti québécois une visée autonomiste s'éloignant de l'esprit du Parti patriote et conduisant à « des alliances avec les forces associées aux détenteurs de ce pouvoir[40] », le président des jeunes du Parti québécois de l'époque, Alexandre Thériault-Marois, écrivait :

---

40. Claude Bariteau, « La carte identitaire du PQ, un frein à l'indépendance », *Le Devoir*, 26 juillet 2010.

L'approche affirmative et l'approche autonomiste ne sont pas deux doctrines séparées entre lesquelles les nationalistes doivent nécessairement faire un choix. Il s'agit plutôt de deux courants évoluant ensemble, s'entrecroisant et se propulsant l'un et l'autre dans l'histoire de notre nation. Si, lors de la Révolution tranquille, les historiens, dans un courant marxiste, ont romancé l'apport des Patriotes, ceux d'aujourd'hui pondèrent et rétablissent les réformistes comme Étienne Parent et Louis-Hippolyte Lafontaine[41].

Même des souverainistes amnésiques retournent à l'esprit réformiste. La cassure n'attirant pas les foules, il semble plus prudent de proposer une souveraineté par à-coups, tellement lente qu'elle finira par se faire à l'insu de tous.

L'historien Robert Comeau a senti le besoin de remettre les pendules à l'heure et de répondre à Alexandre Thériault-Marois. Quand les tenants de l'option souverainiste se laissent prendre au jeu de ce que Séguin nommait la « position fédéraliste de LaFontaine », rappelant qu'il aura fallu « près de 90 ans à la pensée adverse, à la pensée indépendantiste pour ébranler ce vieux credo national[42] », l'inquiétude de plusieurs souverainistes est compréhensible. Selon Robert Comeau :

---

41. Alexandre Thériault-Marois, « La gouvernance souverainiste, ou comment propulser l'option indépendantiste », *Le Devoir,* 30 juillet 2010.

42. Séguin, *L'Idée d'indépendance au Québec,* p. 45 et 43.

[Alexandre Thériault-Marois] semble ignorer que ce n'est pas un historien marxiste mais bien le théoricien du mouvement indépendantiste de l'École néo-nationaliste de l'Université de Montréal, Maurice Séguin, nullement marxiste et spécialiste de l'analyse de la question nationale du Québec, qui a le premier analysé à fond la pensée des réformistes et montré comment elle a été à l'origine ici du courant nationaliste-fédéraliste et a longtemps dominé les élites nationalistes-fédéralistes (ou autonomistes).

Non seulement Séguin doit être ramené à l'avant-scène, mais il faut aussi convoquer Papineau, qu'on a oublié derrière LaFontaine :

> Séguin l'a bien synthétisé dans sa brochure *L'Idée d'indépendance au Québec, genèse et historique* (Boréal-Express, 1968) : derrière le conflit entre Papineau et LaFontaine, il y a deux courants de pensée bien distincts qui ont élaboré des analyses fort différentes de l'Union législative de 1840 : LaFontaine et Parent, devant l'Union de 1840, l'ont acceptée — ils n'avaient pas le choix, bien sûr — en affirmant que l'indépendance nationale du peuple du Bas-Canada (le Québec d'aujourd'hui) n'était plus nécessaire pour développer son économie et sa culture. Par l'éducation économique et la bonne volonté des individus, notre infériorité économique peut être corrigée.
>
> C'est cela que Papineau a contesté, car pour lui, le plus grave dans l'Union forcée de 1840 était bien la mise en minorité d'un peuple. (On lira, de Louis-Joseph Papineau, *Cette fatale Union*, textes réédités par Lux éditeur en 2003.)
>
> Comme Papineau, Séguin a bien vu dans la mise en minorité

l'oppression essentielle justifiant la lutte pour l'indépendance du Québec. Or cette mise en minorité n'a pas été corrigée en 1867[43].

L'air du temps n'est plus celui de 1960 ou de 1970 : c'est maintenant Séguin qui révèle des idées qui détonnent. Son nationalisme est subversif à une époque où l'autonomisme, d'Honoré Mercier à François Legault, en passant par Mario Dumont et même Pauline Marois, cherche à occuper tout le terrain politique. La rupture fait peur. Il faut pourtant y songer, de temps à autre.

Le gouvernement responsable, dans tout cela ? Contrairement à la pensée de Lionel Groulx, encore tributaire du nationalisme fédéraliste qui voit d'un bon œil l'arrivée de la Confédération, celle de Maurice Séguin cherche à miner l'« illusion progressiste » incarnée par Étienne Parent et Louis-Hippolyte LaFontaine. À propos des positions de Séguin sur le gouvernement responsable, Robert Comeau écrit :

> Séguin ne croit pas que l'obtention du gouvernement responsable en 1848 à la majorité parlementaire sous l'Union soit une victoire pour les parlementaires canadiens-français. Obtenir cette responsabilité ministérielle au Parlement du Bas-Canada aurait eu une tout autre signification et aurait été une victoire. Lorsque Londres accepte de l'accorder, c'est à une majorité anglophone qui saura l'utiliser à son profit.

---

43. Robert Comeau, « Quand on se fonde sur une erreur historique », *Le Devoir*, 2 août 2010.

Séguin, contrairement à Groulx, sait faire la différence entre la bataille de Papineau au Bas-Canada et celle de Baldwin-LaFontaine sous l'Union. C'est cette illusion progressiste des réformistes qui sera au cœur de la critique de Séguin et sa principale démarcation de la pensée de Groulx. La mise en minorité en 1840 ne nous autorise plus à chanter la victoire en 1848, comme Groulx le fait[44].

Les mots de Séguin, après notre parcours historiographique, sont lourds de sens. À lire l'homme, qui croit que le prétendu renversement réformiste de la décennie 1840 participe d'une illusion, d'une « idéologie fédéraliste qui permet d'escamoter l'essentiel et de ne pas s'apercevoir de l'annexion[45] », on ne peut que s'interroger de nouveau sur le travestissement historique. Le gouvernement responsable a-t-il été un viatique ou une sorte d'appeau pour les Canadiens français ?

On pourra dire ce qu'on voudra des historiens de l'école de Montréal, jeter l'anathème sur leur « nationalisme pessimiste » (Léon Dion), force est de constater que Maurice Séguin n'a pas eu peur de s'arrêter avec honnêteté aux événements troubles qui ont marqué les décennies 1830 et 1840. Vérité d'une banalité déconcertante qui a néanmoins été sacrifiée au profit d'une continuité factice : LaFontaine n'a pas relayé le témoin de Papineau. La lucidité rassurante de

44. Robert Comeau, « Maurice Séguin et sa critique de l'optique nationaliste-fédéraliste de Lionel Groulx », dans Robert Comeau et Josiane Lavallée (dir.), *L'Historien Maurice Séguin, théoricien de l'indépendance et penseur de la modernité québécoise*, Québec, Septentrion, 2006, p. 70.
45. Séguin, *L'Idée d'indépendance au Québec*, p. 39.

Séguin rappelle celle de Louis-Georges Harvey dans son ouvrage récent, *Le Printemps de l'Amérique française* (2005) :

> Malgré la logique et la clarté du discours des Patriotes, les analyses historiques ont préféré s'arrêter sur ses contradictions et sur son apparente myopie géopolitique. Cette interprétation dominante doit beaucoup à l'influence de Durham, qui a donné le ton à une historiographie apologiste servant à légitimer la perpétuation du lien colonial et la soumission de l'État bas-canadien au grand ensemble *Canadian*. Voilà comment ce qui avait été un épanouissement anticolonial devint un « apprentissage », par surcroît raté, du jeu politique métropolitain ; comment un mouvement civique et territorial fut transformé en lutte ethnique ; comment la contestation des privilèges économiques de l'élite marchande se mua en profond conservatisme social et économique ; comment un républicanisme bien de son temps fut interprété comme une démocratie pervertie par des mentalités d'Ancien Régime. Dans le contexte de l'Amérique postcoloniale, cette interprétation détonnait par son refus de reconnaître un mouvement bien de son époque qui s'inscrivait dans la lutte émancipatrice des collectivités neuves[46].

Ces propos ont tout du coup de fusil pendant un concert. Ils sont pourtant essentiels, dans la mesure où ils nous invitent indirectement à reconsidérer les paroles de Papineau,

---

46. Louis-Georges Harvey, *Le Printemps de l'Amérique française. Américanité, anticolonialisme et républicanisme dans le discours politique québécois, 1805-1837,* Montréal, Boréal, 2005, p. 238-239.

non pas à l'aune de l'échec des Rébellions, mais comme l'expression sincère d'un appel à une aventure américaine. On le sait : cette aventure (re)deviendra rapidement britannique. Dix ans à peine pour imposer le gouvernement responsable. Pour comprendre le passage d'une aventure à l'autre, il faut se rappeler les raisons pour lesquelles le tenant de la première a refusé la seconde. Attention : la cohérence d'une pensée politique peut surprendre.

CHAPITRE 3

Papineau et l'Union de 1840

C'est donc ainsi qu'on a perçu, voulu, instrumentalisé Papineau, de son décès à aujourd'hui. Pour ne pas revenir trop abruptement à son époque, un passage par la chambre de compensation temporelle est de mise.

Se dépayser

Retourner sous l'Union pour entendre et lire Papineau ou discuter de ses idées, c'est se retrouver dans un Bas-Canada rural et agricole, avec de nombreux isolats. Le Montréal qui accueille le Parlement de 1844 à 1849, au moment où l'ex-chef patriote revient de son exil à Paris, en septembre 1845, est majoritairement anglophone. Une faible majorité, mais une majorité tout de même.

En s'y retrouvant, un Québécois d'aujourd'hui éprouverait une désillusion profonde après l'échec des luttes constitutionnelles, après l'échec de la résistance et de la rébellion, après l'échec de l'opposition générale au nouveau régime constitutionnel d'Union mis en place à la suite du rapport de Lord Durham.

À la conscience lourde de devoir reconstruire s'ajoute

l'embêtement quant à savoir quoi construire. Papineau et LaFontaine sont à la même croisée des chemins. Ils doivent composer avec des libéraux plus ou moins démobilisés, avec un clergé que le moment conservateur va favoriser, et réciproquement. Ils doivent composer aussi avec une société dont le quart des habitants sait lire et écrire, avec une presse plutôt absente hors Québec et Montréal avant 1850, une presse francophone très partisane, dont les moyens varient selon qu'elle est « ministérielle » ou pas.

C'est dans ce contexte de contraintes que les visions du présent et de l'avenir sont conçues, exposées, refusées, accueillies.

L'analyse des positions de Papineau sur l'Union, et surtout sur le gouvernement responsable, fera voir non seulement la continuité de sa pensée politique après 1839, mais aussi l'approfondissement et l'affirmation de son républicanisme démocratique, qui sera mis à rude épreuve à la fin de sa vie. LaFontaine aura beau penser que Papineau « se laisse abuser par d'anciens souvenirs » et des historiens évaluer qu'il est resté l'« homme de 1830 », ses positions sont, entre 1840 et 1850, autre chose que des souvenirs : elles demeurent des convictions. On peut tout aussi bien le voir comme un penseur conséquent dont le tort est de n'avoir plus l'assentiment de l'électorat. Il le dira haut et fort en 1847 : « Tout ce que j'ai demandé en Chambre en 1836 avec une si vaste majorité de mes collègues, appuyés que nous étions par une égale proportion dans la masse du peuple, je le redemande en 1847[1]... » Sa

---

1. Louis-Joseph Papineau, « Adresse aux électeurs des comtés de Saint-Maurice et de Huntingdon [Premier manifeste] », 20 décembre 1847,

position sur l'Union, à laquelle nous nous attacherons dans ce chapitre, en témoigne éloquemment. Le caractère inaltérable et non monnayable de celle-ci ne débouchera pas, on s'en doute bien, sur un compromis autour de l'idée de gouvernement responsable.

Des raisons de ne pas rentrer d'exil

En exil aux États-Unis de décembre 1837 à février 1839, puis en France jusqu'en août 1845, Papineau sera le dernier des exilés à rentrer au pays après l'amnistie accordée aux patriotes. Sa femme et sa famille le pressent de revenir, mais il estime que « la condition politique du Canada est suprêmement malheureuse et dégoûtante ». *A fortiori*, écrit-il à sa femme, Julie, il ne tient pas à s'y « trouver de suite en opposition avec ceux qui ont été bienveillants pour [lui], et ligué avec ceux qui ont été au moins indifférents pour [lui[2]] ». C'est donc de Paris qu'il suit l'évolution de la situation grâce aux lettres de sa famille et de ses amis, et aux journaux qu'on lui fait parvenir. À distance, confie-t-il à sa femme, jamais « la situation du Canada ne [lui] a paru aussi déplorable et humiliante que dans le moment actuel ». L'esprit politique du temps présent ne l'attire tout simplement pas :

---

dans *Cette fatale Union. Adresses, discours et manifestes, 1847-1848*, introduction et notes de Georges Aubin, Montréal, Lux, 2003, p. 22.

2. L.-J. Papineau à Julie Bruneau-Papineau, 31 janvier 1844, dans *Lettres à Julie*, texte établi et annoté par Georges Aubin et Renée Blanchet, Québec et Sillery, Archives nationales du Québec et Septentrion, 2000, p. 469 et 465.

Les Canadiens souffraient plus mais ne se déshonoraient pas, ne se divisaient pas, n'adulaient pas leurs oppresseurs. Il y en a qui me paraissent faire de tout cela aujourd'hui. Ma présence ne peut pas réunir, elle ne pourrait que rendre plus profonde et incurable cette fatale scission. Tant que je croirai cela, je n'y paraîtrai pas. Nous nous réunirons, mon amie, nous nous réunirons dans quelques mois, je crains que ce ne soit aux États-Unis plutôt qu'en Canada[3].

Dans la même lettre à Julie, il confie que c'est la conscience de ses droits qu'il met dans la balance pour décider de son retour ou d'un nouvel exil[4]. Il évoque aussi la question des arrérages qui lui sont dus comme ancien orateur de la Chambre. Il laisse clairement entendre que sa décision de rentrer ne peut relever d'aucune forme de pression :

Si ce m'est dû, ce devait être donné à mon procureur qui l'a demandé ; si ce ne m'est pas dû, ce devait lui être refusé. J'espère que mes amis en prenant l'initiative ne m'ont jamais fait l'insulte d'imaginer qu'une question d'argent devait être tenue en suspense comme moyen de m'enchaîner à la politique de qui que ce fût au monde. J'aime mieux ceux qui ont mis ma tête à prix, que ceux qui mettraient à prix mon honneur. En Canada, je donnerais un prétexte au pouvoir de vous refuser ce qui vous est dû. Dans l'éloignement où je suis, sans participation à ce qui se fait, à ce qui se dit chez

---

3. L.-J. Papineau à Julie Bruneau-Papineau, 27 avril 1844, dans *Lettres à Julie*, p. 475.

4. *Ibid.*

vous, son injustice sera sans excuse et fera partie de la politique générale d'arbitraire et de partialité dans laquelle il me paraît être engagé[5].

Deux mois plus tard, le non-règlement du litige lui semble un signe politique plus large :

Ce sont eux qui spontanément sont venus de l'avant offrir à mon frère mes arrérages il y a sept mois. Et ils n'ont encore pu résoudre un problème aussi simple, quand ce sont eux qui ont choisi le temps, le lieu, la manière de l'exposer. Ce peut donner une idée de l'habileté, de la diligence, de l'énergie avec lesquelles ils veulent résoudre les questions d'intérêt général bien autrement compliquées, qui les assiégeront en nombre infini, dès qu'ils se mettront en rapport avec les chambres. Ce moment ne peut pas s'éloigner encore longtemps et décidera sans doute du parti que j'aurai à prendre[6].

Papineau n'est donc pas engagé dans la discussion *publique* à propos de l'Union et du gouvernement responsable avant 1847, alors qu'il est sollicité par les électeurs de deux comtés pour les représenter à l'Assemblée législative du Canada-Uni. Si ses positions personnelles et privées d'avant 1847 nous sont connues par sa correspondance, il faut rappeler qu'elles ne sont pas formulées publiquement dans la presse. L'exilé a ses raisons de demeurer à Paris et de ne pas

---

5. *Ibid.*, p. 477.

6. L.-J. Papineau à Julie Bruneau-Papineau, 15 juin 1844, dans *Lettres à Julie*, p. 486.

rentrer au pays : il n'y a pas d'amnistie avant 1845, la situation
politique lui paraît déplorable sinon dégoûtante, il sait perti-
nemment qu'il serait en désaccord profond avec la majorité
des hommes politiques canadiens-français et il n'entend pas
compromettre son honneur en laissant croire qu'il rentrerait
pour réclamer ou encaisser ses arrérages d'orateur de la
Chambre d'assemblée du Bas-Canada. L'exil a manifestement
un prix : le Bas-Canada chemine politiquement sans lui
depuis 1837, cherche sa voie sans celui qui était depuis 1815 la
voix de la résistance et des aspirations de ses concitoyens.
L'opinion publique se façonne sans lui. Elle se prive d'un
homme qui a vu la même eau couler trois fois sous le même
pont.

Les projets d'union de 1809 et de 1822

L'homme qui, de loin, suit l'évolution des choses a une expérience et une mémoire politiques uniques qui remontent à sa
première élection comme député en 1808. L'Union de 1840
est de fait la troisième version d'un projet colonial et métropolitain. En août 1840, Papineau écrit à son fils Amédée à
propos du premier projet d'union du Haut- et du Bas-
Canada : « Le projet d'Union a été arrêté aux élections
de 1809, quand le parti anglais est tombé dans une minorité
si décidée qu'il a compris qu'il ne pourrait jamais reprendre
l'ascendant ou même une influence importante dans l'Assemblée[7]. » Sous le gouverneur James Henry Craig, la

---

7. L.-J. Papineau à son fils Amédée, 28 août 1840, dans *Lettres à ses*

Chambre d'assemblée compte 36 députés francophones contre 14 anglophones. Le contrôle politique démocratique de la Chambre et de la colonie allait dorénavant progresser dans ce sens. La situation exigeait donc quelque solution plus ou moins radicale, et une des solutions possibles était l'Union, formule déjà appliquée par l'Angleterre en Irlande.

Dix ans plus tard, c'est à François-Xavier Garneau, en pleine rédaction du quatrième tome (1792-1840) de son *Histoire du Canada* qui paraîtra en 1852, que Papineau précise les raisons du premier projet d'union : « Ce fut vers 1807 que la rupture devint plus violente entre les deux partis qu'elle ne l'avait été antérieurement, ce qui donna naissance au *Canadien*. La menace de l'Union fut lancée dès cette époque contre la majorité. Le plan ne fut pas mûri avant la guerre américaine. Suspendu[e] par cet événement et la part qu'y prirent les Canadiens [la guerre] fit ajourner mais non abandonner le projet[8]. » En effet, s'appuyant sur un mémoire du juge en chef, Jonathan Sewell, et sur son secrétaire, Herman Witsius Ryland, Craig visait d'abord — outre une hausse du cens d'éligibilité des citoyens et des députés, l'augmentation du nombre de comtés électoraux dans les Cantons-de-l'Est anglophones et l'union du Haut- et du Bas-Canada — l'abrogation de la Constitution de 1791, sinon l'abolition de la Chambre d'assemblée, qui ne pouvait pas ne pas donner une

---

enfants, t. 1 : *1825-1854,* texte établi et annoté par Georges Aubin et Renée Blanchet, introduction d'Yvan Lamonde, Montréal, Varia, 2004, p. 90.

8. L.-J. Papineau à François-Xavier Garneau, 26 février 1850, dans *Lettres à divers correspondants,* t. 2 : *1845-1871,* texte établi et annoté par Georges Aubin et Renée Blanchet, Montréal, Varia, 2006, p. 87.

majorité aux 250 000 Canadiens, alors que la population
d'origine britannique comptait 20 000 personnes. Londres, et
Lord Liverpool en particulier, refusa de s'engager dans une
voie de contrôle de la majorité par une minorité[9].

Si le projet de 1809 tourna court, celui de 1822 engagea
Papineau de manière décisive. Conçu par « une poignée d'in-
trigants[10] » et porté par James Stuart, voix paradoxale du Parti
canadien entre 1813 et 1817, le projet d'union se justifie selon
celui-ci parce que « le pays demeure avec toutes les caractéris-
tiques étrangères qu'il possédait au moment de la Conquête ;
il est en toute chose français. L'adoption ou le refus de l'Union
déterminera si, sous le déguisement d'une dépendance britannique pour encore quelque temps, il demeurera pour toujours français ». Selon Stuart, la concession de certaines libertés, dont une Chambre d'assemblée qui, en raison de la
démographie, donne quasi automatiquement le pouvoir
législatif aux Canadiens francophones, doit dorénavant être
limitée de quelque façon :

> L'extension déraisonnable des droits politiques concédée à
> cette population [...] jointe à sa conscience d'une puissance
> grandissante a déjà eu l'effet dans l'imagination de certains
> de leur faire concevoir leur existence comme celle d'une
> nation séparée sous l'appellation de nation CANADIENNE [...]

---

9. Thomas Chapais, *Cours d'histoire du Canada*, t. 2 : *1791-1814*, Québec, Librairie Garneau, 1921, p. 205-229.

10. L.-J. Papineau à John Neilson, 18 novembre 1822, dans *Lettres à
divers correspondants*, t. 1 : *1810-1845*, texte établi et annoté par Georges
Aubin et Renée Blanchet, Montréal, Varia, 2006, p. 66.

système de gouvernement dont les conséquences ultérieures exposeront la Grande-Bretagne à la mortification et à la disgrâce d'avoir, à très grands frais, élevé à la maturité de l'indépendance un pays conquis[11] [...].

Pour Papineau, le Bas-Canada vit alors « une crise aussi inquiétante » :

Ces hommes que le hasard a faits si grands dans ce pays, qui seraient demeurés si obscurs ailleurs, que ne jouissent-ils en paix des préférences sans nombre dont ils sont en possession sans entreprendre de dépouiller les habitants de la province de leurs droits. Animés par les préjugés les plus injustes contre les établissements qui nous sont les plus chers, nourrissant un si grand mépris que celui qu'ils affichent contre tout ce qui est particulier aux mœurs et aux usages du Canada, peut-on se dissimuler que, s'ils se saisissent jamais de tout le pouvoir auquel ils aspirent, ils en abuseront au point de hasarder la tranquillité du pays[12] ?

En ce sens, comme Louis-Georges Harvey a commencé de le montrer, le projet d'union de 1822 est, dans l'historiographie québécoise, un déclencheur négligé, sous-estimé. De nouveau mise sous tension, la colonie vit sous une épée de Damoclès politique qui tombera bel et bien vingt ans

---

11. Extrait de la requête des tenants de l'Union cité par Papineau dans une lettre à John Neilson en date du 9 novembre 1822, dans *Lettres à divers correspondants,* t. 1, p. 61 et 61-62.

12. L.-J. Papineau à John Neilson, 18 novembre 1822, dans *Lettres à divers correspondants,* t. 1, p. 66.

plus tard. Pour Papineau, il est clair qu'il ne faut pas se dissimuler la menace.

Pendant qu'on en est à choisir deux émissaires pour aller à
Londres donner voix à l'opposition au projet, émissaires qui
seront finalement John Neilson et Papineau, ce dernier, à titre
d'orateur de la Chambre d'assemblée, informe Robert Wilmot-
Horton, sous-secrétaire d'État aux colonies, qu'une pétition est
en préparation. Celle-ci comportera en fin de compte les signatures de 60 642 électeurs du Bas-Canada et de 8 097 électeurs
du Haut-Canada, pour un total de 68 739 signatures. La
Chambre d'assemblée et le Conseil législatif rejetteront, res-
pectivement à 33 voix contre 3 et à 16 voix contre 5, ce projet
d'union concocté dans le silence par quelques citoyens[13].

De février à septembre 1823, Papineau et Neilson s'assu-
rent que le projet de loi est bien mort au feuilleton au Parlement britannique avant de rentrer au Bas-Canada. Papineau,
qui a dû faire preuve d'acharnement, découvre « combien peu
l'on s'occupe des intérêts des colonies dans ce pays[14] ». Perce-
vant, avec Sir James Mackintosh, député whig favorable aux
revendications du Bas-Canada, un « déplorable degré d'ignorance sur l'état des colonies », Papineau retient de son entre-

---

13. L.-J. Papineau à Robert Wilmot-Horton, 16 décembre 1822, et le
même à P. W. Brancker, février 1823, dans *Lettres à divers correspondants*, t. 1, p. 74-76, 91.

14. L.-J. Papineau à Louis Guy, 26 février 1823, dans *Lettres à divers correspondants*, t. 1, p. 93 ; le même à Julie Bruneau-Papineau, 19 avril 1823,
dans *Lettres à Julie*, p. 76. Sur cet épisode de 1822-1823, les lettres de
Papineau sont cruciales. On les trouvera dans *Lettres à divers correspondants*, t. 1, p. 57-116 et p. 128-131 ; le texte même de la requête des
opposants au projet d'union se trouve aux pages 97-108.

vue avec ce dernier une idée que Lord Bathurst, secrétaire d'État aux colonies, lui exprimera aussi : « Que le temps viendrait où la province serait mûre pour se séparer de ce pays, mais qu'une mauvaise administration hâterait cette époque, pour le malheur de l'un et de l'autre, au lieu que, si les colonies étaient gouvernées avec modération, lorsque le temps en serait venu, la séparation pourrait avoir lieu sans que des sentiments de haine nuisissent aux liaisons de commerce qui subsisteraient plus tard. »

Dans une lettre à Louis Guy, président du comité constitutionnel de Montréal opposé au projet d'union, Papineau se montre conscient de la stratégie de division déployée par Londres et reconnaît avoir appris, au-delà du désintérêt de la métropole pour les colonies, une vérité pour la suite des choses : « Rien de plus pour aujourd'hui sur les affaires publiques, sinon que nos ennemis du Canada nous auront en effet appris le secret de nos forces quand nous serons unis et que, connaissant tous leur animosité contre tout ce qui est cher aux Canadiens, ceux-ci éviteront avec soin jusqu'à l'ombre de la désunion entre eux[15]. » C'est donc avec une parfaite connaissance des deux premiers projets d'union que Papineau observe le troisième.

---

15. L.-J. Papineau à Louis Guy, 13 mars 1823, dans *Lettres à divers correspondants*, t. 1, p. 96-97 ; à propos de Lord Bathurst, voir Louis-Joseph Papineau, *Histoire de l'insurrection du Canada par Louis-Joseph Papineau, orateur de la ci-devant Chambre d'assemblée du Bas-Canada. En réfutation du rapport de lord Durham*, première partie, extraite de *La Revue du progrès*, journal publié à Paris, 1839, reprise dans *La Revue canadienne*, juin 1839 ; Montréal, Réédition-Québec, 1968, p. 5-9.

Papineau, le projet d'union et l'Union de 1840 au temps de l'exil

L'opposition au troisième projet d'union fait consensus parmi les Canadiens français. Alors que Papineau est en exil à Paris, Garneau, Neilson et Parent mènent cette opposition ; on estime que l'Union est une politique inique, qui n'a d'équivalent que la politique russe en Pologne et qui cherche à enlever leur langue, leurs mœurs et leurs droits aux Canadiens, bref leur nationalité. Ils sont appuyés par l'Église catholique, qui craint que le régime ne vienne « anglifier » et « décatholiciser » la population. Une pétition recueille 39 928 signatures. Rien n'y fait : Londres adopte l'Acte d'Union le 23 juillet 1840. Un mois plus tard, Louis-Hippolyte LaFontaine, qui finira par voir dans l'Union une « planche de salut » pour les Canadiens français, résume les griefs contre l'Union :

> [L'union des deux provinces] est un acte d'injustice et de despotisme, en ce qu'elle nous est imposée sans notre consentement ; en ce qu'elle prive le Bas-Canada du nombre légitime de ses représentants ; en ce qu'elle nous prive de l'usage de notre langue dans les procédés de la législature, contre la foi des traités et *la parole* du Gouverneur général ; en ce qu'elle nous fait payer, sans notre consentement, une dette que nous n'avons pas contractée ; en ce qu'elle permet à l'Exécutif de s'emparer illégalement, sous le nom de liste civile, et sans le vote des représentants du peuple, d'une partie énorme des revenus du pays[16].

_____

16. Louis-Hippolyte LaFontaine, « Aux électeurs du comté de Terre-

En effet, Londres a imposé la nouvelle Constitution sans qu'elle ait été ratifiée par le Parlement de sa colonie ; on a foulé aux pieds le principe démocratique de la représentation proportionnelle *(rep by pop)* au profit d'une représentation égale des deux colonies (42 députés chacune), alors que la population du Bas-Canada est de 650 000 habitants et celle du Haut-Canada, de 400 000 ; on a banni l'usage du français dans les délibérations parlementaires ; on a décrété la mise en commun des dettes, celle du Haut-Canada atteignant 5 millions de dollars alors que celle du Bas-Canada est minime (375 000 dollars) ; on a maintenu la litigieuse liste civile de pensions et de patronage et, ce que LaFontaine omet de rappeler, un Conseil législatif dont les membres sont nommés par le gouverneur plutôt qu'élus.

D'exil, Papineau écrit à son ami O'Callaghan que les hommes politiques anglais soufflent le chaud et le froid : « Que veulent dire ces singulières contradictions de M. Stanley, proclamant la sagesse et la nécessité de l'Union des Canadas, et M. Metcalfe, disant hors du Parlement que les Canadiens ont bien droit de se plaindre qu'elle ait été déterminée sans qu'ils aient été consultés ? » Il voit dans ces affirmations paradoxales une nouvelle stratégie de division en vue de séparer les libéraux du Bas-Canada et les libéraux du Haut-Canada, « qui ne voudront pas perdre la matière exploitable qu'on leur a livrée[17] ».

---

bonne », dans Guy Frégault et Marcel Trudel (dir.), *Histoire du Canada par les textes*, Montréal, Fides, 1963, p. 217. L'adresse y est reproduite partiellement.

17. L.-J. Papineau à Edmund Bailey O'Callaghan, 5 mai 1843, dans *Lettres à divers correspondants*, t. 1, p. 521.

À sa femme, Papineau écrit qu'un libéral, un démocrate ne peut acquiescer à un tel régime constitutionnel : « Non, un homme d'état éclairé et libéral ne peut pas approuver l'infâme Acte d'union, et les conditions iniques dont il est tout saturé, imposé qu'il a été notoirement contre le gré connu et exprimé des majorités. » Dans ce contexte, accepter le poste de gouverneur « pour faire exécuter cet acte de pillage effréné, de dégradation politique pour le Bas-Canada, c'est y arriver en ennemi déclaré de la population[18] ». Papineau mise sur le fait que ce nouveau régime irritera à jamais les Canadiens français : « [L]es iniquités de l'Acte d'Union sont trop nuisibles aux intérêts des Canadiens, trop insultantes à leur fierté nationale pour qu'ils soient jamais réconciliés à l'Angleterre tant qu'elles subsisteront[19]. » Et pourtant…

Papineau de retour d'exil et l'Union

Après cinq ans de débats, d'initiatives et de prises de position parmi les hommes politiques canadiens-français, Papineau rentre d'exil en septembre 1845 et sera de nouveau candidat à l'élection de décembre 1847, dont il sortira vainqueur. Alors que l'Acte d'Union est « installé » dans les mœurs politiques du pays, il continue de dénoncer l'agression antidémocratique qu'il représente : « Depuis la révolution américaine, [les hommes d'État britanniques] ont adopté un système bien

---

18. L.-J. Papineau à Julie Bruneau-Papineau, 27 avril 1844, dans *Lettres à Julie*, p. 475.

19. L.-J. Papineau à Julie Bruneau-Papineau, 15 novembre 1844, dans *Lettres à Julie*, p. 522.

plus étroit et mesquin contre toutes leurs colonies, qu'il ne l'avait été auparavant. [Leur] acte d'Union est la plus grossière des iniquités commises durant toute la période de leur histoire coloniale. » Aux uns et aux autres il affirme « qu'un honnête homme ne pouvait être au ministère » et que leur devoir était plutôt de proclamer

> que l'Acte d'union était une injustice qui devait cesser dès que les intéressés assez libres de s'exprimer le demanderaient, que la représentation devait être basée sur la population, les lois civiles du Bas-Canada codifiées par l'acceptation de toutes les parties applicables du code Napoléon, les lois criminelles réformées d'après les améliorations adoptées en Angleterre et aux États-Unis, dont la situation sociale est plus analogue à la nôtre que celle des Européens ; les jurys rendus indépendants ; l'éducation populaire rendue générale pour préparer le peuple à se gouverner moralement et avec sagesse à l'époque où il serait appelé à se gouverner lui-même. Qu'aussi longtemps que l'Angleterre n'était pas disposée à tolérer ce programme de politique ministérielle, les amis du pays étaient bien mieux placés hors de place qu'en place[20].

Dans ses quelques lettres à l'historien Garneau, Papineau est toujours soucieux d'expliciter les tenants et aboutissants de ses positions. La motivation populaire, démocratique de sa position y est clairement exprimée[21]. Il est sans doute

---

20. L.-J. Papineau à Edmund Bailey O'Callaghan, 28 octobre 1846, dans *Lettres à divers correspondants*, t. 2, p. 27-28.

21. « [J]e protesterai toujours contre ce que j'appellerai le triomphe momentané de la violence et de la partialité d'un gouvernement mal

conscient d'un certain isolement dans son combat lorsqu'il évalue les façons de faire des hommes politiques et de la presse[22]. Mais la détérioration démocratique de la situation lui fait trouver quelque aspect positif, lui fait entrevoir un scénario autre d'émancipation :

> [C]ette mesure nous jetait vingt ans plus vite dans les bras de l'heureuse confédération des républiques américaines ; que tous verraient bientôt, comme je voyais depuis longtemps, que ce qui fait la vie des peuples, notre nationalité, notre éducation par les livres qui nous viendront de France, nos affections propres et distinctes de celles d'une population anglaise, étaient pour toujours sauvées, si elles nous étaient confiées comme à un État indépendant, agrégé à une confédération qui ne pouvait pas avoir de colonies, tandis que nous étions

---

constitué et hostile à ceux qui sont censés, en droit et en raison, lui avoir donné l'être, le peuple de qui découlent toutes les autorités et magistratures légitimes qu'il crée en vue d'être protégé et qui, si souvent, oubliant leur origine et leur mission, ont dégénéré en corps privilégiés oppresseurs. » (L.-J. Papineau à François-Xavier Garneau, 15 janvier 1848, dans *Lettres à divers correspondants,* t. 2, p. 38-39.)

22. « Eh bien, notre presse presque entière et, trop facilement, nos représentants, je le crains, me paraissent avoir fait bon marché des douleurs, des colères, des convictions, des intérêts de la grande masse de nos compatriotes, en ne formulant, contre les iniquités de l'Acte d'Union, que des protestations si froides ou si timides que par les hommes injustes qui l'ont demandé et par les hommes injustes qui l'ont imposé, elles sont citées comme preuve d'acquiescement volontaire, de la part du pays, à cette nouvelle constitution. » (*Ibid.,* p. 39.)

voués à une mort politique déshonorante si nous restions trente ans de plus dans l'infériorité dégradante où nous plaçait non pas un acte détesté du Parlement anglais, mais les baïonnettes qui lui prêtent pour un temps une sanction illégitime. J'ajoutais : l'Angleterre en recueille déjà les premiers fruits. Si, dans les négociations pendantes, les États-Unis prennent un ton aussi fier, pour ne pas dire arrogant, si l'Angleterre prend un ton si modéré, pour ne pas dire timide, n'est-ce pas dû à la certitude qu'ont les deux gouvernements que si des armes étaient jetées dans les colonies, il y aurait plus de bras prêts à les relever contre que pour l'Angleterre.

Papineau explique à Garneau le sens de son adresse du 20 décembre 1847 aux électeurs des comtés de Saint-Maurice et de Huntingdon qui le sollicitent comme candidat : « Rien dans mon écrit ne peut être interprété en un appel à la force, pour nous soustraire aux misères de notre vasselage colonial, et de la persécution systématiquement suivie sans relâche par l'Angleterre pour notre dénationalisation, comme l'est celle de la Pologne par les Russes et par les mêmes voies et moyens de la part du plus humain de tous les gouvernements, celui de l'Angleterre, et du plus sauvage de tous les gouvernements, celui de Nicolas. » Il s'indigne de ce que certains veuillent faire taire les tenants de l'abrogation de l'Union : « Pourquoi donc entasser phrases sur phrases, louanges sur louanges, avoir la bonté de ne pas donner de coup de pied (de l'âne) au vieil athlète, pour l'avertir qu'il ne devait pas parler du rappel de l'Union, parce que le peuple a récemment versé trop de son sang pour qu'il veuille recommencer à lutter ? » On comprend mieux dès lors qu'il rappelle à Garneau sa propre devise : *Fais ce que dois et advienne que pourra*[23].

Il reste peu de véritables correspondants à Papineau ; O'Callaghan, qui est à Albany, lui envoie à l'occasion des lettres « nécessaires pour [l']empêcher de tomber dans le découragement le plus complet des affaires, dans le mépris et le dégoût les plus absolus contre les hommes publics en Canada, depuis qu['il] les voi[t] agir ». Il ajoute : « Tous ont répudié tous les antécédents de leur vie passée, de leur glorieux temps de lutte contre les menaces constantes, ou les rares tentatives de séduction employées par l'exécutif contre nous ; tous ont regardé les maux du pays comme irrémédiables. » Finalement : « Ne pouvant empêcher le pillage, ils sont persuadés qu'en prendre leur part, c'est diminuer le mal. Ils ont non seulement endormi l'opinion publique, le peu qui en reste, ils l'ont trompée et poussée dans une fausse direction[24]. »

Pour Papineau, il y a dans cet esprit du temps une sorte de démission qui porte à conséquence et qui donne l'impression d'un acquiescement aux volontés de la métropole[25]. Engagé de

---

23. *Ibid.*, p. 39-40.

24. L.-J. Papineau à Edmund Bailey O'Callaghan, 27 mars 1848, dans *Lettres à divers correspondants*, t. 2, p. 45-46.

25. « D'ici à peu d'années nous serions, ici, par rapport au Haut-Canada, dans la même situation qu'est l'Irlande par rapport à l'Angleterre. Nous sommes un nouveau Parlement, ne pas protester contre l'Union, sera réputé dans la métropole être un acquiescement ; accepter des emplois de ministres sans avoir protesté, c'est vraiment un acquiescement. » (L.-J. Papineau à Edmund Bailey O'Callaghan, 22 février 1848, dans *Lettres à divers correspondants*, t. 2, p. 43.)

nouveau dans le débat politique et redevenu député, Papineau
est cinglant dans sa caractérisation des unionistes. Il écrit dans
son « Troisième manifeste », en date du 19 mai 1848 :

> Il y a deux camps séparés bien distincts. Les Unionistes qui ne
> font appel qu'aux *passions basses et cupides,* la peur et l'ava-
> rice. Ils disent : Ne regardez pas à la dette de 15 millions de
> piastres, dépensés pour enrichir et fortifier le Haut-Canada ;
> pour appauvrir et débiliter le Bas-Canada ; ne regardez
> qu'aux quelques mille piastres qu'une demi-douzaine de
> Canadiens français, nommés aux emplois de plus qu'en 1837,
> reçoivent aujourd'hui. Ne vous plaignez pas constitutionnel-
> lement par des assemblées, des écrits, des protestations contre
> les iniquités de l'acte d'Union. Rappelez-vous des violences
> qui ont été exercées. Craignez-en la récidive : nous sommes
> au pouvoir et nous sommes le gouvernement responsable.

Manifestement, son antiunionisme est anticolonial, et
l'on voit bien ici comment et pourquoi Papineau est loin des
positions de LaFontaine.

> Il y a le camp des Anti-Unionistes toujours, qui font appel
> aux sentiments généreux et disent : Soyez fiers et fermes sans
> être violents, et méprisez ces détestables menaces ; ne vous
> laissez pas égarer par de futiles sophismes. Sans aucun droit,
> l'on vous a ravi votre bien, c'est un mal léger, quoique ce soit
> une tyrannie, pour laquelle treize colonies anglaises ont jus-
> tement secoué le joug d'une métropole, qui répète le même
> crime contre de plus faibles colonies. Mais l'on vous a volé en
> outre votre juste quote-part de la représentation ; l'on vous a
> interdit l'usage officiel de votre langue ; l'on a menti à la pro-

messe que l'on vous avait faite de vous le restituer à certaines conditions onéreuses, que vous avez accomplies, et l'on ne vous l'a point restitué. Tout cela est pire que le vol de vos deniers. Des intérêts vitaux sont détruits par ces dispositions et l'honneur national est outragé au vif. Ceux qui pensent que l'on doit attendre à discuter ces questions n'ont point de sensibilité pour l'honneur national, ou bien ils jugent que dans une colonie il n'y a point d'autre honneur que celui de l'obéissance passive aux injonctions de la métropole, quelles qu'elles soient.

Chez ces opposants anticolonialistes à l'Union, la nationalité est d'abord une exigence démocratique d'égalité des droits, laquelle sera la pierre angulaire de toute la réflexion politique de Papineau sur le gouvernement responsable :

Il y a le camp des Anti-Unionistes toujours, dont le cœur est trop noble, la raison trop juste et trop élevée pour séparer le « libéralisme » de la « nationalité », pour sacrifier celle-ci à celui-là ; et qui sait s'il est dupe ou menteur le « libéralisme pratique » de ceux qui veulent donner double représentation, double puissance, double[s] droits à la population canadienne « d'origine anglaise », comparativement à ce qu'ils en accordent à la population canadienne « d'origine française », et qui ne cessera de combattre sous le drapeau de la « nationalité », tant que celle-ci sera proscrite et persécutée ; tant que le *vrai* libéralisme n'aura pas placé toutes les nationalités sur le pied de la plus complète égalité[26].

---

26. Louis-Joseph Papineau, « Troisième manifeste », 19 mai 1848, dans *Cette fatale Union,* p. 132-133.

Papineau persiste et signe, même s'il vient d'être marginalisé, comme on le verra plus en détail. Il est conscient qu'il doit faire son deuil de la stratégie de l'abrogation de l'Union. En 1851, il y pense encore, mais c'en est fait : « Notre pauvre société est en pleine dissolution. "Je vivrai dans la souffrance et mourrai dans les regrets", en voyant notre nationalité étouffée dans l'animosité toute naturelle du Haut-Canada et son abandon par nos représentants qui voteront contre le rappel de l'Acte d'union. » Il dit tenir « à l'idée qu'il faut purement et simplement demander le rappel de l'Acte d'union, ce qui fait revivre l'Acte de 1791 ». Le moment lui inspire un retour sur l'histoire et il évalue que l'Acte constitutionnel de 1791 « n'était pas mauvais en lui-même », mais qu'« il a été mal administré par le choix d'un Conseil législatif en hostilité perpétuelle contre l'assemblée. Ce fut la politique de l'Angleterre d'activer les dissensions intestines ; elle en a été punie. Nous avons succombé, nous avons le plus souffert dans la lutte, matériellement du moins ; elle en a plus souffert moralement et dans sa réputation[27] ». S'il y a ici un semblant de repli au sujet de la loi constitutionnelle de 1791, c'est bien parce que, dans ce régime, les Canadiens demeuraient majoritaires et qu'on y respectait la tradition démocratique de la *rep by pop*.

C'est donc l'abolition antidémocratique de la représentation proportionnelle par le régime constitutionnel de l'Union qui détermine le combat de Papineau contre le gouvernement responsable. Car il ne peut concevoir un gouver-

---

27. L.-J. Papineau à Julie Bruneau-Papineau, 5 juillet 1851, dans *Lettres à Julie*, p. 679.

nement vraiment responsable qui ne respecte pas au départ la règle démocratique. La recherche fébrile de la représentation proportionnelle est ainsi la clé de sa stratégie : sans cela, point d'abrogation possible de l'Union.

CHAPITRE 4

Papineau et le gouvernement responsable

On a fait grand cas du *Mémoire au soutien de la requête des habitans du Bas-Canada* (1814) de Pierre-Stanislas Bédard, certains y voyant l'origine d'une pensée canadienne sur le gouvernement responsable. On peut y lire plus modestement la recherche théorique du soutien de l'exécutif par la majorité de la population à un moment où l'organisation des partis politiques en est à ses balbutiements[1].

Nous l'avons vu : à partir de 1831, la grande revendication du Parti patriote et de Papineau concerne l'électivité du Conseil législatif, dont les membres sont nommés par le gouverneur et qui est, on le comprend bien, l'instrument même de division de la politique coloniale de Londres. La revendication du gouvernement responsable est alors celle des réformistes modérés du Haut-Canada et de Baldwin telle que celui-ci l'a formulée dans sa célèbre lettre à Lord Glenelg du 13 juillet 1836. Si, dans son *Seventh Report from the Select Committee of the House of Assembly of Upper Canada on Grievances* (1835), William Lyon Mackenzie se dit disposé à s'ac-

---

1. Yvan Lamonde, *Histoire sociale des idées au Québec*, vol. 1 : *1760-1896*, Montréal, Fides, 2000, p. 60-62.

commoder d'un gouvernement responsable, son premier choix est l'électivité du Conseil législatif, comme dans le système électif des sénateurs de certains États américains. L'intérêt pour le gouvernement responsable qui se manifeste au Bas-Canada, à compter de 1834, est surtout un signe de solidarité avec les libéraux du Haut-Canada. En fait, ce qui est essentiellement visé, c'est l'élection des conseillers législatifs, comme celle des représentants de la Chambre basse. C'est ce que disent les 92 Résolutions de février 1834 et les résolutions des assemblées populaires tenues en 1837[2].

Gouvernement, gouverneur ou bureau colonial responsable ?

Papineau, qui a sans cesse réclamé un Conseil législatif électif avant son exil, ne change pas de cap après 1838. Il prend la pleine mesure de la situation coloniale du Bas-Canada et explicite son opposition à la forme de gouvernement qu'engendre l'Union. En 1843, alors qu'il est encore en France, il estime que « le gouvernement responsable ne le sera qu'au degré où il doit l'être dans une colonie française sous domination anglaise[3] ». De surcroît, Londres a officiellement

---

2.   Voir Frank Murray Greenwood, « Les Patriotes et le gouvernement responsable dans les années 1830 », *Revue d'histoire de l'Amérique française*, vol. 33, n° 1, 1979, p. 25-37.

3.   L.-J. Papineau à Julie Bruneau-Papineau, 31 août 1843, dans *Lettres à Julie*, texte établi et annoté par Georges Aubin et Renée Blanchet, Québec et Sillery, Archives nationales du Québec et Septentrion, 2000, p. 434.

reconnu cette différence de nature : « [A]vec la distinction de lord Stanley, écrit Papineau à O'Callaghan le 15 octobre 1844, cette responsabilité n'est pas la même dans une colonie que dans la métropole. Quelle est-elle donc ? Car, un tel principe n'ayant pas été encore admis dans le régime colonial, il n'y a pas une suite de décisions pour faire autorité, et tout est sans cesse problématique[4]. » Le même jour, il souligne à son frère la discontinuité de l'application du principe : « Je suis bien persuadé que c'est dans un esprit faux et de supercherie que l'Angleterre a dit qu'elle donnait un gouvernement responsable, avec la distinction que ce ne pouvait pas être dans une colonie celui d'une métropole. Qu'est-ce donc qu'un gouvernement responsable qui ne l'est pas toujours, qui ne l'est pas souvent[5] ? »

Le « responsable » du gouvernement dans la colonie est bel et bien le gouverneur ; c'est lui qui filtre les projets de loi[6]. Pour Papineau, le représentant de Londres ne peut être que

---

4.   L.-J. Papineau à Edmund Bailey O'Callaghan, 15 octobre 1844, dans *Lettres à divers correspondants*, t. 1 : *1810-1845*, texte établi et annoté par Georges Aubin et Renée Blanchet, Montréal, Varia, 2006, p. 544-545.

5.   L.-J. Papineau à Denis-Benjamin Papineau, 15 octobre 1844, dans *Lettres à sa famille (1803-1871)*, texte établi et annoté par Georges Aubin et Renée Blanchet, introduction d'Yvan Lamonde, Québec, Septentrion, 2011, p. 307.

6.   « Puis, quand l'on a vu, en toutes choses, la majorité les appuyer, puis le Conseil législatif n'offrir aucune ressource par l'heureuse malhabile retraite de tous les tories, l'on a vu que tous les bills viendraient jusqu'au gouverneur et que là était la question décisive de savoir ce que signifiait le gouvernement responsable dans l'intention du ministère anglais. » (L.-J. Papineau à Julie Bruneau-Papineau, 31 janvier 1844, dans *Lettres à Julie*, p. 466.)

son « obligé » ; le gouvernement responsable dans la colonie, c'est la voix du Colonial Office dans la métropole :

> Tous les actes du gouvernement vont se faire illégalement, si le gouvernement responsable n'est pas une futile fiction, par un excès de scrupule sur les formes, qui vous asservit quand vous êtes dans la Chambre d'assemblée, qui ne se présente pas même à l'esprit quand vous êtes dans la chambre du conseil. Non, l'on croit que le gouverneur a le pouvoir et le vouloir de faire beaucoup de bien ; on se méprend. Le bureau colonial ne [lui] donne pas cette liberté, mais seulement celle de fortifier leur système suivi d'assujettissement des colons aux idées que révèlent les dispositions de l'Acte d'union.

C'est ailleurs que la colonie trouve une institution vraiment responsable parce que fondamentalement démocratique : « [L]e Canada, qui vit s'il paralyse cette action, qui meurt s'il la subit ; qui n'a jamais eu, ne pourra jamais avoir à son état de colonie d'autre autorité amie de ses droits et de ses intérêts que le corps représentatif qu'il se donne pour tenir en échec les autres autorités, toutes constituées hostilement contre lui[7]. » Le gouverneur peut-il logiquement être sous la coupe d'un autre « responsable » que le corps représentatif ? Qui contrôle véritablement, qui est le gouvernement responsable ? La réponse :

> Le gouvernement responsable leur est enfin défini. Le gouverneur emploiera des hommes populaires pourvu qu'ils

---

7. *Ibid.*, p. 467 et 464.

veuillent être ses dociles instruments. Il n'y a pas à distinguer les questions locales et coloniales de celles qui sont mixtes ; elles sont toutes de cette nature ; toute solution erronée dans la colonie touche soit aux intérêts, soit à l'honneur de la métropole. Il faut donc que le gouverneur, son agent, soit le contrôleur et non pas contrôlé en quoi que ce soit. Personne ne peut apporter d'Angleterre les idées qui seules conviennent en Amérique[8].

En plus d'être la voix du Colonial Office, le gouverneur ne sera toujours qu'un administrateur itinérant et « d'outre-mer, déballé d'hier, empaqueté demain pour le pays de sa naissance et de ses prédilections[9] ». Papineau connaît bien ces « espérances vagues que donnent les bonnes intentions d'un gouverneur, aujourd'hui à Montréal, demain à Calcutta, qui ne promet aucune réforme spécifique, large, qui enchaînerait ses successeurs à suivre volontiers [...] le reste des ans que durera sa domination sur le Canada[10] ». Pourquoi, dès lors, encore accepter de jouer ce jeu ? De nouveau, c'est l'expérience politique de trente-cinq ans transformée en mémoire qui permet de voir que la succession des choses est leur répétition pure et simple. Historiquement, pour Papineau, le Colonial Office a constamment censuré les gouverneurs qui paraissaient un

---

8.   L.-J. Papineau à Edmund Bailey O'Callaghan, 15 juin 1844, dans *Lettres à divers correspondants,* t. 1, p. 544.

9.   L.-J. Papineau à Julie Bruneau-Papineau, 31 janvier 1844, dans *Lettres à Julie,* p. 465.

10. L.-J. Papineau à Julie Bruneau-Papineau, 31 octobre 1844, dans *Lettres à Julie,* p. 519.

peu plus favorables à la responsabilité de la Chambre élue[11].
On voit mal comment les choses pourraient changer avec
l'obtention d'un gouvernement responsable.

Ne plus compter sur les libéraux du Haut-Canada

L'analyse que Papineau fait, pendant son exil, de l'octroi du
gouvernement responsable l'amène aussi à revoir l'évolution
politique des libéraux du Haut-Canada. Elle nous aide à comprendre, en aval, les limites des positions semblables des libéraux des deux provinces avant les Rébellions et au temps
de celles-ci. Comme on l'a noté dans le deuxième chapitre de
cette étude, des écrivains tel John Saul ont eu tendance à
hypertrophier la signification des relations entre les deux partis libéraux, comme si ceux-ci ouvraient la voie à la collaboration entre LaFontaine et Baldwin (et la légitimaient du même
coup). Sans étude substantielle consacrée à ce sujet, on doit
porter une attention particulière à la correspondance de Papineau pour saisir les limites de cette collaboration.

Sur un point, la demande d'un Conseil législatif électif, la
détermination à l'obtenir semble avoir été différente : « Les
libéraux mêmes du Haut-Canada, après avoir pendant un
Parlement demandé comme nous le conseil électif, ayant
reculé, n'ont demandé dans le suivant qu'un Conseil exécutif

---

11. « Est-ce que M. Viger ignore que le bureau colonial a invariablement chassé, blâmé, tué tous ceux de ses gouverneurs qui, cédant à l'évi-
dence de ce qui se passait sous leurs yeux, à ses bons conseils, aux miens,
à ceux de quelques autres, ont voulu se rapprocher de la chambre, lui
ont fait quelques légères concessions ? » (L.-J. Papineau à Julie Bruneau-
Papineau, 31 janvier 1844, dans *Lettres à Julie,* p. 464.)

responsable, et se sont crus des politiques consommés quand ces mots ont été approuvés, non définis dans des dépêches ministérielles[12]. » En janvier 1844, un mois après avoir écrit cette lettre à son fils Amédée, il explique à Julie que les libéraux du Haut-Canada doivent vivre avec leur choix :

> Le gouvernement responsable comme l'entend et le veut le ministère (anglais) est une supercherie, identique avec toutes les bonnes paroles qu'il a, pour nous, jetées au vent et les mauvaises actions et méchants hommes qu'il nous a imposés depuis 1759 à 1844. Le Haut-Canada est forcé plus que nous à le prendre au sérieux. Il a été complimenté dans le parlement anglais comme plus éclairé, en demandant un conseil responsable, que nous, en demandant un conseil électif. Il est enchaîné par sa vanité autant que par son intérêt à prouver qu'il voulait et pouvait obtenir par sa combinaison autant que nous voulions obtenir dans la nôtre.

Les Canadiens français ne sauraient à n'importe quel prix s'associer à eux : « Comment peuvent-ils, pour l'intérêt de tous, faire valoir leurs saints désirs d'avenir ? En se liant invariablement à ceux à qui ils pourront les faire comprendre, les faire goûter. Ils peuvent plus facilement libéraliser les libéraux du Haut-Canada que le *family compact* et les tories. Un libéral français ne peut pas se lier à cette bande[13]. »

---

12. L.-J. Papineau à Amédée Papineau, 31 décembre 1843, dans *Lettres à ses enfants*, t. 1 : *1825-1854*, texte établi et annoté par Georges Aubin et Renée Blanchet, introduction d'Yvan Lamonde, Montréal, Varia, 2004, p. 167.

13. L.-J. Papineau à Julie Bruneau-Papineau, 31 janvier 1844, dans *Lettres à Julie*, p. 465.

Sur un autre point, fondamental — la règle démocratique de la majorité —, les libéraux du Haut-Canada ont flanché :

> Ce sont les libéraux du Haut-Canada qui ont été les premiers auteurs de l'aggravation de tyrannie que l'Acte d'Union fait peser sur eux et sur nous. Ils ont cherché d'autres règles de bon gouvernement que celle de compter les suffrages librement déposés dans l'urne électorale, et de trouver la loi dans le vœu de la majorité. Ils en sont les dupes. Ils savaient que 90 000 d'entre nous demandions l'extension du système électif, contre 10 000 qui le repoussaient. Ils n'ont pas eu le courage de dire que ce qui, dans une société quelconque, était appuyé des vœux des neuf dixièmes de sa population était la seule combinaison politique qui pût assurer la paix et l'ordre dans cette société. Ils ont traité notre sagesse de folie, ont demandé le gouvernement responsable, qu'on a dû leur octroyer avec empressement, puisqu'en donnant gain de cause à une minorité on la mettait plus en état de lutter contre une majorité, qu'on espérait rendre la lutte durable et profonde, que l'on gouvernait une colonie comme on veut les enchaîner toutes, par l'art d'alimenter leurs dissensions.

Ce faisant, les « libéraux du Haut-Canada ont accepté l'Union et ses iniquités, le monstrueux système de représentation artificielle adopté avec le dessein avoué d'outrager, d'affaiblir leurs alliés canadiens[14] ». Comme Papineau l'écrit à son fils Lactance en septembre 1844, il n'est donc pas ques-

---

14. L.-J. Papineau à Edmund Bailey O'Callaghan, 15 juin 1844, dans *Lettres à divers correspondants,* t. 1, p. 544.

tion pour lui de quelque forme d'alliance avec eux[15]. Son éloignement des libéraux du Haut-Canada ne fait qu'augmenter, à tel point qu'il finit par comparer, dans une lettre à Julie, leur stratégie à celle des orangistes en Irlande[16].

Après son retour d'exil, au moment où on lui propose de se porter candidat, Papineau dit regretter que ses compatriotes aient abandonné leurs revendications de 1836 et qu'ils aient intériorisé l'idée « de ne jamais agiter la question du rappel de l'acte d'Union ». Il hésite momentanément à nourrir la division, mais, une fois candidat, les hésitations sautent. Il regarde sévèrement l'attitude du Haut-Canada :

> Quant aux ministres qui nous viennent du Haut-Canada, les uns ont provoqué la mesure de l'Union, ceux-là sont conséquents avec eux-mêmes. Les autres l'ont faiblement repoussée dans d'autre temps, et depuis l'ont fait servir à enrichir leurs terres et les terres de leurs voisins. Ils sont en contradiction avec eux-mêmes ; ils sont sans esprit de justice ; ils sous-

15. « Le Haut-Canada voit aujourd'hui que le système, comme le définissent le gouverneur et M. Viger, n'a aucune portée ni signification, et il est mécontent et murmurant contre l'Angleterre. Vous voulez que j'aide à apaiser son mécontentement. Non, qu'il grandisse, c'est tout ce que je souhaite. Quiconque est convaincu qu'il faut, un peu plus tôt ou un peu plus tard, en venir à une séparation ne doit jamais dire ni faire croire que la métropole ait, tant que ses actes coercitifs ne sont pas révoqués, aucun titre à l'affection ni à la confiance publique en Canada. » (L.-J. Papineau à Lactance Papineau, 15 septembre 1844, dans *Lettres à ses enfants*, t. 1, p. 175-176.)

16. Voir L.-J. Papineau à Julie Bruneau-Papineau, 31 décembre 1844, dans *Lettres à Julie*, p. 532.

crivent en courtisans serviles aux usurpations que l'Angleterre a commises contre leurs constituants, parce qu'elles sont
moindres que celles qui ont été commises contre nos constituants ; parce qu'elles n'ont ôté au Haut-Canada que l'honneur et la liberté, et qu'elles lui ont donné notre argent en
compensation[17].

La dénonciation du scandale des Haut-Canadiens qui
bafouent la démocratie est explicite. À l'adresse du Haut-
Canada, il déclare à ses électeurs : « [M]ais nous, nous ne
consentirons à vous aider, à partager avec vous l'administration, que quand vous nous aurez donné votre promesse for-
melle de faire tout en vous pour nous aider à mettre le Bas-
Canada sur un pied d'égalité avec le Haut[18]… »

Tomber les masques : celui de Denis-Benjamin Viger

Le désaccord de Papineau avec les projets d'union et avec le
gouvernement responsable l'oppose à bien des instances et
des individus : à Londres, aux gouverneurs, aux libéraux du
Haut-Canada, à ses concitoyens et à l'un d'eux en particulier,
son cousin Denis-Benjamin Viger. C'est là le signe, on le verra
par la teneur des propos, qu'il n'y a guère de clan familial au
Bas-Canada sous l'Union. Ses commentaires sur son cousin

---

17. Louis-Joseph Papineau, « Troisième manifeste », 19 mai 1848, dans
Cette fatale Union. Adresses, discours et manifestes, 1847-1848, introduction et notes de Georges Aubin, Montréal, Lux, 2003, p. 131.

18. Louis-Joseph Papineau, « Aux électeurs du comté de Saint-
Maurice », 6 juin 1848, dans *Cette fatale Union,* p. 170.

font bien comprendre pourquoi il hésite à rentrer d'exil avant 1845 : les conflits d'idées et de personnes auraient été fréquents, à n'en pas douter. Et quand cela se passe dans la parenté, c'est encore pire.

Viger (1774-1861), qui a suivi à sa manière, modérée, la ligne politique des patriotes, est confronté comme tous les Canadiens français aux dures réalités de l'Union et, comme ceux qu'on appellera les réformistes, aux blocages et contraintes de l'après-1837-1838. Parmi tous ceux qui tentent de garder le cap de la dignité, il est celui dont le cheminement retient l'attention de Papineau. En septembre 1841, Viger appuie les résolutions de Robert Balwin, qui cherchent à définir le gouvernement responsable. Si, en 1842, l'influence de LaFontaine mine celle de Viger, celui-ci revient sur le devant de la scène lorsqu'il accepte la proposition du gouverneur Metcalfe, en décembre 1843, de former un ministère avec le conservateur William Henry Draper. Peu chanceux dans ses efforts pour rallier ses concitoyens, il réussit néanmoins à convaincre Denis-Benjamin Papineau, le frère de Louis-Joseph, de se joindre au cabinet à titre de commissaire des terres de la Couronne en septembre 1844. Sa défaite électorale dans Richelieu, en octobre 1844, montre la fragilité de ses positions, qui tiennent essentiellement à la confiance faite au gouverneur. Il démissionne en juin 1846 et est nommé, en février 1848 (à l'âge de soixante-treize ans), au Conseil législatif, auquel il ne se présente à peu près jamais de 1849 à 1858[19].

---

19. Fernand Ouellet et André Lefort, « Viger, Denis-Benjamin », *Dictionnaire biographique du Canada,* en ligne à www.biographi.ca

Pour Papineau, Viger fait partie de ces ex-démocrates un temps fervents de la Chambre élue. L'Union aurait-elle suscité de la vanité, faute de solution autre ?

> [I]l n'y a que les petites vanités d'hommes, qui n'ont pas la force de lutter pour mériter leur élection, qui désireront place dans le conseil, ou des vanités irritées qui diront, comme Neilson et Debartzch l'ont dit, qu'avec les divisions qu'il y avait dans le pays le système représentatif y était plus nuisible qu'utile et qu'il fallait le gouverner seulement par un conseil dont ils imaginaient qu'on leur laisserait la direction, et qui l'appelèrent le plus mauvais gouvernement possible quand ils s'en virent exclus[20].

Désirant ardemment participer à l'élaboration de solutions, mais aveuglé par le pouvoir, Viger ne voit pas l'enjeu des libertés : « La politique de l'Angleterre est celle d'une haine acharnée, inflexible contre notre nationalité, et contre les libertés locales de tous les colons de toutes les origines. Cela me paraît clair ; M. Viger voit tout autrement. Il m'a écrit, mais, comme à l'ordinaire, des généralités vagues et diffuses, qui annoncent du ressentiment non seulement contre ceux qui l'attaquent, mais contre ceux qui ne l'aident pas[21]. » De Paris, Papineau va

---

(consulté le 28 novembre 2011) ; Jacques Monet, *La Première Révolution tranquille. Le nationalisme canadien-français (1837-1850)*, trad. de Richard Bastien, Montréal, Fides, 1981, p. 157-277.

20. L.-J. Papineau à Julie Bruneau-Papineau, 15 novembre 1843, dans *Lettres à Julie*, p. 453.

21. L.-J. Papineau à Julie Bruneau-Papineau, 15 juin 1844, dans *Lettres à Julie*, p. 485-486.

même jusqu'à comparer Viger à Sewell, un des maîtres d'œuvre du projet d'union de 1809[22]. La comparaison n'est pas à l'avantage du premier.

Pour Papineau, le déficit démocratique de Viger est important : il accepte l'Union et le gouvernement responsable. À Julie, il peut dire que l'homme s'est brûlé à trop chercher la conciliation :

> Je crains que le reste des jours de M. Viger ne soit abreuvé de chagrins amers et d'humiliations. Il s'est sacrifié pour le gouverneur ; le gouverneur se sacrifiera-t-il pour lui ? Il veut sincèrement des réformes populaires. Downing Street les veut-elle ? Comment peut-il les obtenir conformes aux vœux de la majorité des peuples, contraires aux vœux de la majorité de la représentation artificielle organisée sciemment pour l'exploitation de la majorité française ? On a cru diviser celle-ci en séduisant et trompant la famille la plus populaire ; l'on n'a nullifié que cette famille, elle n'est donc plus bonne à rien[23].

Nouveau député depuis la fin de décembre 1847, Papineau explique pourquoi il a pu louer certains hommes et les blâmer aujourd'hui : « [J]e les connais mieux aujourd'hui que

---

22. « Le concert unanime de louange[s] donné à sir Metcalfe va-t-il enchaîner M. Viger de plus en plus à l'appuyer ? ou ne lui révèle-t-il pas qu'il ne faut aujourd'hui, tout comme avant la prétendue concession du gouvernement responsable, pour conseillers exécutifs, que des hommes aussi asservis à la dictature du gouverneur que l'étaient Sewell et toute son école ? » (L.-J. Papineau à Julie Bruneau-Papineau, 1er juillet 1844, dans *Lettres à Julie,* p. 491.)

23. L.-J. Papineau à Julie Bruneau-Papineau, 31 décembre 1844, dans *Lettres à Julie,* p. 531.

je ne les connaissais alors […]. Je les louais parce que je les croyais attachés aux principes qu'ils avaient librement défendus avec moi, jusqu'en 1837, l'égalité des droits pour nous Canadiens français, avec nos co-sujets de toute autre origine… » Pour lui, l'attachement au pouvoir a une signification : « Ils sont si aveuglément attachés au pouvoir qu'ils le gardent à la condition honteuse d'être légalement et rationnellement considérés comme approuvant en leur entier toutes les clauses de l'acte d'Union ; comme approuvant le but d'hostilité et d'oppression contre le Bas-Canada qui a été avoué par ses auteurs, puisque c'est d'eux qu'ils acceptent des commissions sans réserve, sans explication, sans conditions aucunes. » Les masques sont tombés : « J'ai loué des masques, je blâme des visages[24]. »

Si Denis-Benjamin Viger a pu être franc et s'il a cru aux réformes, ce n'est pas le cas des unionistes favorables au gouvernement responsable, comme Papineau l'écrira sans détour dans son « Troisième manifeste[25] » :

> M. Viger au pouvoir blâma ouvertement l'Union, nos
> ministres la défendent ; M. Viger priait lord Metcalfe d'en

---

24. Papineau, « Troisième manifeste », p. 123.

25. Il écrira aussi : « J'ai écrit de Paris : M. Viger est un honnête homme qui est dans une fausse position où il se prépare des chagrins infinis. […] M. Viger est franc et sincère. Il n'a qu'un seul et même langage avec tout le monde. Ses détracteurs en peuvent-ils dire autant ? J'en connais plus de quatre, et de bien haut placés, qui ont un langage divers pour toutes les diverses sociétés où ils vont pérorer, républicains, royalistes, conservateurs, progressistes, Hauts-Canadiens ou Canadiens-Bas, chacun des tristes jours de leur pèlerinage vers les places et les faveurs de la cour. » (*Ibid.*, p. 128-129 et 130.)

envisager l'injustice et d'user de son influence pour aider peu à peu à la faire finir ; nos ministres n'embarrasseront pas le gouverneur par une proposition aussi biscornue, dérogatoire à la dignité des comités constitutionnels et de Downing Street. Sur la sincérité du gouvernement responsable, M. Viger crut ; M. LaFontaine dit qu'il croit. Sur la question de l'Union, M. Viger fut meilleur Canadien que ceux qui le remplacent. Il était un politique trompé ; d'autres sont des politiques trompeurs[26]...

Tomber les masques : celui de Wolfred Nelson

Papineau démasque d'autres collaborateurs ou amis d'hier. Le cas de Wolfred Nelson est célèbre et aura une très grande incidence sur la fortune mémorielle de Papineau, notamment en ce qui a trait à sa prétendue fuite de la bataille de Saint-Denis, le 23 novembre 1837. Ce débat autour de la « fuite » ou de l'exil de Papineau s'amorce dès la rencontre de Middlebury, au Vermont, le 1er janvier 1838, lorsque le chef politique prend ses distances par rapport aux patriotes en exil qui planifient une insurrection à partir des États-Unis. Une gêne s'installe autour de Papineau, dont on ne sait trop si elle est la cause des démarches de l'abbé Étienne Chartier[27] pour l'éloigner de ceux qui restent déterminés à passer à l'action.

---

26. *Ibid.*, p. 130.

27. À propos du curé patriote, voir Yvan Lamonde, « L'exil dans l'exil : Paris (1839-1845) », dans *Signé Papineau. Lettres d'un exilé*, Montréal, Presses de l'Université de Montréal, 2009, p. 169-222.

Le débat sur sa fuite de Saint-Denis vers les États-Unis s'envenime réellement en se politisant dix ans plus tard. Outre le fait qu'il est facile de prendre le leader patriote comme bouc émissaire des déconvenues politiques du Bas-Canada depuis 1830, il est à peu près impossible de départager équitablement les responsabilités lorsque la polémique publique de 1848 dégénère en guerre rangée d'affidavits. Il convient de rappeler que, si tant de patriotes — deux cents ? trois cents ? — se retrouvent de l'autre côté de la frontière en décembre 1837, il faut bien qu'il y ait eu un mot d'ordre commun et préalable : en cas de force majeure, passer par les bois vers les villages américains, par les rivières, dont le Richelieu, vers le lac Champlain. Quant à savoir si Nelson, à Saint-Denis, a vraiment dit à Papineau qu'il serait plus utile libre, advenant une défaite, et disponible, advenant une victoire, les documents manquent à l'analyse[28].

Wolfred Nelson, héros de la bataille de Saint-Denis (seule victoire réelle des patriotes), siège à l'Assemblée législative du Canada-Uni depuis cinq mois lorsqu'en mai 1848, de but en blanc, il attaque la réputation de Papineau. Il est au moins clair que Nelson, rangé avec LaFontaine, entend faire sa part pour sauver le programme des réformistes. Député de Richelieu, il explique à ses commettants qu'il a dénoncé l'Union tout en reconnaissant que la réunion des deux provinces lui semblait avoir pour effet de commander un respect nouveau à Londres. Favorable au gouvernement responsable, il y voit

---

28. Voir François Bernier, « Étude analytique et critique sur la question de la "fuite" de Papineau de Saint-Denis, le 23 novembre 1837 », mémoire de maîtrise (histoire), Université de Montréal, 1986, qui souscrit prudemment à la version de Papineau.

des avantages marqués par rapport au système républicain des États-Unis. Il dénonce du même coup les annexionnistes et avoue qu'il verrait « avec chagrin notre introduction dans la grande famille républicaine ». Après des allusions à la « désertion » de Papineau, à sa « fuite au moment du danger », à son impuissance à faire avorter la rébellion de 1838, à son rôle de perturbateur, il le classe dans son discours parmi les « habiles, braves et féconds en paroles[;] lâches et puérils, quand il faut agir ». L'ancien chef politique serait en outre « fanatique ou saisi d'une déplorable monomanie, dont le fond est l'espoir de devenir président d'une nouvelle république ou gouverneur d'un État indépendant ».

Nelson dénonce ainsi la stratégie de la révocation de l'Union, injustice qu'il est « impossible pour le moment de réparer », et voit dans l'« agitation » de Papineau la menace d'un nouveau 1837 : « Car ce qui est déjà arrivé, on le dira avec raison, peut avoir lieu encore. » La question réveille des souvenirs cruels : « [Q]ui de M. Papineau ou de moi veut renouveler les scènes de 1837 ? »

Pour miner la crédibilité des intentions et des capacités de Papineau, Nelson file pour ses électeurs la métaphore des mauvais capitaines, laquelle aura une longue carrière[29] :

---

29. Plus de cent ans plus tard, Jacques Ferron, dans sa pièce *Les Grands Soleils* (1958), se réappropria cette image du Papineau capitaine dans une « scène préliminaire d'exorcisme » : « La tête à tout le monde/que tout le monde suivait/figure de proue d'un seul espoir de la libération anticipée/figure de proue d'un navire/aux voiles inespérées/sur les eaux du Saint-Laurent,/trop beau pour durer,/trop beau pour qu'on l'oublie/ d'un navire de trop de voilure/démâté le jour de la révolte/et qui continue/la nuit/la contrebande de la liberté. » (Jacques Ferron, *Les Grands*

Mais une fois la barque lancée parmi les écueils et les rochers, par leur incapacité dans l'action et dans la direction, ils abandonnent le gouvernail qu'ils tenaient d'une main tremblante, et se sauvent lâchement du vaisseau ainsi travaillé par la tempête et par l'orage, au gré d'une mer en fureur et terrible, à la merci de la colère et de la vengeance des éléments qu'ils ont provoquées ; délaissant un équipage dont le malheur est de témoigner de la confiance à des hommes capables uniquement de débiter des paroles à la journée et tout à fait dénués d'habileté pratique.

Pour Nelson, Papineau « veut arracher les rênes des affaires à des mains sages et habiles, pour les saisir lui-même et les lâcher encore une fois, aussitôt qu'il verra le précipice où son étourderie aura conduit le char de l'État ». Il faut donc montrer du doigt cet homme « comme un être à éviter, comme on éviterait la peste et tous les fléaux qui peuvent torturer l'humanité », cet homme « qui croit résumer en lui la patrie », mais qui n'a pas « et dans sa personne et dans sa famille, éprouvé les grandes souffrances qu'il a fait descendre si abondamment sur ceux qui avaient eu le suprême malheur de regarder ses démarches comme consistantes, sages et vertueuses[30] ».

La réponse de Papineau, datée du 31 mai 1848 et publiée dans *L'Avenir* du 3 juin, frappe fort, d'entrée de jeu. Rappelant

---

Soleils, dans *Théâtre I,* préparation de l'édition et introduction de Jean Marcel, Montréal, L'Hexagone, 1990, p. 376.)

30. Wolfred Nelson, « Messieurs les Électeurs de St. Aimé, St. Barnabé et St. Jude », *La Minerve,* 25 mai 1848.

le fait que Nelson s'était adressé aux électeurs de Saint-Ours-sur-Richelieu le dimanche, jour où ceux-ci ne pouvaient « s'enfuir sans fuir de l'Église », Papineau estime qu'il aurait dû faire autre chose ce jour-là, entre autres « scruter les replis de sa conscience, quand l'on a une conscience ». Jouant sur l'autoreprésentation des tenants de l'Union et du gouvernement responsable comme « hommes pratiques » qui parlent de lui en « théoriciens », il rétorque à propos des années 1830 : « Les théoriciens d'alors savaient ce qu'ils demandaient : libertés et avantages sans bornes pour le peuple, et rien pour eux-mêmes. Les praticiens et les pratiqués d'aujourd'hui reçoivent des avantages indus et corrupteurs pour eux et leurs parasites, et font subir la honte et le servage à leurs constituants en les priant de se taire, d'être tout joyeux, puisque "l'union nous a sauvés, nous ministres, quoiqu'elle vous ait perdu, vous peuple". » À l'admirateur du gouvernement responsable, Papineau rappelle : « C'est parce que nous avons le gouvernement modifié, incompris et incompréhensible, qu'il a déshonoré tous ceux qui s'y sont attachés, tories et libéraux au même degré », ce gouvernement « qui a été plié et torturé à signifier tout ce qu'ont voulu d'arbitraire et de servile les différents ministères ». Nelson et ses amis sont « dans la main du gouverneur », « enchaînés aux places [qu'ils ont] acceptées de lui sans condition ».

L'attaque contre l'ancien compagnon d'armes se fait plus caustique : « L'honnête homme, il m'a donné l'hospitalité, dit-il. L'assassin du désert, le féroce bédouin toujours en embûches pour égorger le voyageur et s'enrichir de sa dépouille, est un héros de désintéressement et d'humanité, comparativement à vous, Dr Wolfred Nelson. » Papineau se demande, à propos de ce « délateur », « depuis quand et de qui » il a « épongé la haine » qui suinte de partout, lui, « inspiré par une colère sans motif, et guidé par des hommes pratiques ». Quant à l'idée que se fait Nelson des États-Unis, Papineau demande s'il a les moyens de se « dire l'égal en liberté politique au citoyen américain », lui qui est « serf de l'Angleterre, serf du Haut-Canada, serf de ceux qui nomment aux deux conseils[31] ».

Faute que Nelson consente à un débat public contradictoire, Papineau n'intervient plus sur la question, laissant à son neveu Louis-Antoine Dessaulles l'initiative de publier une brochure, *Papineau et Nelson, blanc et noir*[32].

Une vieille stratégie : diviser pour régner

En jetant le germe de la division parmi les héros, Nelson joue un jeu que connaît bien la métropole. Depuis le début des années 1830, alors que le Parti patriote commence à demander l'électivité du Conseil législatif, Papineau voit comment, dans le système de contrepoids de la monarchie constitutionnelle britannique, ce conseil, dont les membres sont nommés pour leur allégeance au pouvoir, sert précisément à bloquer l'instance démocratique, c'est-à-dire la Chambre élue. Dès 1831, il écrit : « Aussi [les Conseils exécutif et législatif] n'ont-ils été constitués, je pense, que d'après la maxime des

31. Louis-Joseph Papineau, « Au directeur de *L'Avenir* », *L'Avenir*, 3 juin 1848, dans *Cette fatale Union*, p. 134-154.

32. Voir Yvan Lamonde, *Louis-Antoine Dessaulles. Un seigneur libéral et anticlérical*, Montréal, Fides, 1994, p. 62-65.

tyrans : "divisez pour régner[33]". » L'homme d'expérience voit la perpétuation de cette stratégie métropolitaine qu'est la division en 1839 : « Mais l'artifice de la métropole, en sacrifiant une population à l'autre, fera naître des dissensions intestines qui feront le malheur des deux populations[34]… » À Amédée, son fils aîné qui l'a suivi dans l'exil états-unien (bien que les deux soient rarement dans la même ville), il dit ne pas croire Lord Russell :

> [Q]ue, lorsqu'on proclamait l'égalité de droit entre les colons, nous avions été tyrannisés et qu'il était étrange que l'on promît un gouvernement juste et modéré en basant le nouveau régime sur l'assomption mensongère de la supériorité de la race anglaise et de l'infériorité de la race française ; que ce n'était pas pour rendre la province unie, plus forte, mais dans l'espérance d'ameuter les deux populations l'une contre l'autre que l'on avait recours à cette odieuse mesure d'en livrer une à l'exploitation de l'autre ; que les débats du Haut-Canada montraient de quel fiel étaient animés contre le Bas ceux qui demandaient l'Union ; qu'il n'y avait qu'une règle d'équitable, celle de baser la représentation sur la population d'après des recensements périodiques[35].

---

33. Louis-Joseph Papineau, en Chambre, 11 mars 1831, dans *Louis-Joseph Papineau, un demi-siècle de combats. Interventions publiques*, choix de textes et présentation d'Yvan Lamonde et Claude Larin, Montréal, Fides, 1998, p. 159.

34. L.-J. Papineau à Amédée Papineau, 10 octobre 1839, dans *Lettres à ses enfants*, t. 1, p. 71.

35. L.-J. Papineau à Amédée Papineau, 12 février 1840, dans *Lettres à ses enfants*, t. 1, p. 84-85.

Sa conviction est la même quatre ans plus tard ; il la réitère à sa femme dans sa lettre du 31 décembre 1844[36]. Il doit de plus reconnaître que sa propre famille est un instrument de division parmi les Canadiens :

> Le rêve du système de gouvernement responsable me paraît bien plus une folle chimère entre les mains de M. Viger et de mon frère, soutenus par un gouvernement qui les hait et ne se sert d'eux que pour créer des divisions entre les Canadiens, et repoussés par la grande majorité de leurs compatriotes qui les aimaient, à qui ils veulent faire du bien, que ne le ferait toute autre combinaison imaginable. C'est le Haut-Canada, c'est le gouverneur qui les imposent au Bas-Canada qui les rejette[37].

L'Angleterre continue à vouloir « régner par les dissensions », par « la perpétuité des dissensions[38] » qui lui ont, tout compte fait, fort bien réussi. Les équivoques et les imprécisions continuent à nourrir les dissensions, comme en témoignent les divergences d'opinions, de plus en plus tenaces, entre les collaborateurs d'hier et entre les membres d'une même famille. En octobre 1844, Papineau écrit à son ami O'Callaghan :

---

36. L.-J. Papineau à Julie Bruneau-Papineau, 31 décembre 1844, dans *Lettres à Julie,* p. 532.

37. L.-J. Papineau à Julie Bruneau-Papineau, 1er mars 1845, dans *Lettres à Julie,* p. 544.

38. L.-J. Papineau à Julie Bruneau-Papineau, 31 janvier 1844, dans *Lettres à Julie,* p. 470.

Nous avions le sens commun quand nous demandions des institutions électives. Toutes les lois et tous les journaux des plantations de la Nouvelle-Angleterre devenaient les textes et les autorités qui expliquaient notre demande. Les politiques du Haut-Canada qui ont demandé, ceux d'Angleterre qui ont donné le gouvernement responsable, ont été tout ensemble sots et fripons d'échanger des équivoques et des ambiguïtés sans valeur. Nous avons tout obtenu, disent les uns ; nous n'avons rien donné, disent les autres, et les dissensions deviennent plus violentes que de notre temps, qui bientôt sera appelé « le bon vieux temps[39] ».

Cette position n'est pas sans rappeler ce que dira, quelques années plus tard, un des correspondants illustres de Papineau, l'historien François-Xavier Garneau :

Mon système d'appréciations politiques est tout arrêté. Je veux marquer en traits profonds par des extraits de dépêches bien choisis quelle était la politique anglaise à notre égard ; que les événements de 1837 sont dus à son système de mettre les deux races en opposition l'une dans la Chambre d'Assemblée, l'autre dans les Conseils Exécutif et Législatif afin de les neutraliser mutuellement et de gouverner elle-même entre les deux rivalités ; que ses sympathies étaient pour les Anglais qui remplissaient tous les emplois, mais que ses intérêts la portaient à ménager les Canadiens en leur laissant leurs lois et leur religion afin de les empêcher de se jeter par le désespoir entre les bras des États-Unis ; que l'Acte d'Union a

_____

39. L.-J. Papineau à Edmund Bailey O'Callaghan, 15 octobre 1844, dans *Lettres à divers correspondants*, t. 1, p. 558.

été fait dans le même esprit pour fortifier le parti anglais qui n'était plus capable de lutter plus longtemps dans le Bas-Canada sans une intervention trop pressante et trop manifeste de la métropole[40].

La responsabilité dans la majorité

Le retour au pays n'est donc pas de tout repos. En même temps qu'il dénonce le gouverneur comme éminence du gouvernement soi-disant responsable, qu'il montre du doigt l'abandon des idées libérales chez les libéraux du Haut-Canada, qu'il met Denis-Benjamin Viger devant l'inconséquence de ses choix, qu'il dévoile le jeu de Wolfred Nelson et de ceux qui perpétuent la grande stratégie des dissensions et de la division pour régner, Papineau énonce ses positions, identifie ce qu'il oppose à l'Union et au gouvernement responsable : la responsabilité de la majorité, la représentation proportionnelle qui seule rendrait possible la révocation de l'Union, un gouvernement responsable de type républicain et, faute d'y parvenir, une « fédération continentale » en lieu et place d'une confédération canadienne.

Ayant les citoyens des États-Unis à l'esprit, il rappelle à son fils les raisons pour lesquelles les Canadiens doivent revendiquer leurs droits : « [N]ous sommes dans des conditions sociales que vous ne comprenez pas, et chaque société

---

40. François-Xavier Garneau à L.-J. Papineau, 3 juillet 1851, Université d'Ottawa, archives du Centre de recherche en civilisation canadienne-française, fonds Garneau.

distincte a ses goûts, ses usages, ses intérêts locaux, ses lois antérieures qui lui permettent, et à elle seule, de juger bien des changements qui lui conviennent et de ceux qui ne lui conviennent pas. » C'est le sens d'un appel fondamental au respect de la majorité démocratique : « Tout ce que la majorité des Canadiens ont demandé par requêtes est aussi juste et raisonnable à accorder aujourd'hui que si l'Angleterre n'avait pas répondu à leurs requêtes par l'incendie et le bourreau, et je suis aussi disposé à le demander que jamais : rien au-delà, jusqu'à ce que la majorité, sentant de nouveaux besoins, forme de nouvelles demandes auxquelles j'acquiescerais encore[41]. » Papineau déplore qu'on ne voie pas la dimension démocratique d'une revendication nationalitaire, qu'on ne voie pas que c'est une minorité à laquelle on laisse historiquement le pouvoir : « Qu'arrive-t-il ? Le gouverneur dit bien qu'il admet le principe du gouvernement responsable, que nul autre système n'est possible ; mais le fait est qu'il gouverne contrairement au principe, qu'il est sans conseil, qu'il n'en peut pas former un viable, que le noyau de celui qu'il cherche à pétrir est tiré de la minorité[42]. » Le Conseil législatif verrouille le système grâce à des hommes nommés par le pouvoir et qui en approuvent la capacité de blocage.

Revenu dans l'enceinte du parlement, à Montréal, le député rappelle l'exigence pour un gouvernement vraiment responsable, celui de la voix de la majorité :

---

41. L.-J. Papineau à Amédée Papineau, 31 décembre 1843, dans *Lettres à ses enfants,* t. 1, p. 167.

42. L.-J. Papineau à Julie Bruneau-Papineau, 31 janvier 1844, dans *Lettres à Julie,* p. 465.

Que c'était par la conduite que ce parti avait fait tenir aux
gouvernements pendant cette longue période d'un régime
inconstitutionnel, tout souillé d'arbitraire, de violence et de
corruption, par son influence sur une branche de la législature qui n'avait pas la confiance du peuple, le Conseil législatif tel qu'alors et maintenant encore constitué, que ce parti
avait pu opposer la volonté de la minorité aux justes
demandes des majorités qui voulaient le gouvernement responsable[43].

C'est l'histoire qui parle dans les interventions de Papineau lorsque celui-ci demande pourquoi auraient changé,
après 1837 et 1838, ceux qui avaient imaginé le stratagème du
blocage par la minorité[44]. Ces hommes avaient fait la preuve
que le système britannique pouvait être davantage un système
de contrôle antidémocratique qu'un système de contrepoids[45].

---

43. Louis-Joseph Papineau, « Discours parlementaire sur la question
des subsides, l'inopportunité d'une brève session et l'inégalité de la
représentation », 14 mars 1848, dans *Cette fatale Union*, p. 37.

44. « Le présent système avait été offert par des hommes dont la vie politique entière avait été une conjuration permanente contre les principes
du gouvernement responsable. Ils avaient aimé et pratiqué le mystère, la
déception, le monopole du pouvoir pour et par les minorités. » (Louis-
Joseph Papineau, « Discours parlementaire », [vers le 20 mars 1848],
dans *Cette fatale Union*, p. 46.)

45. « Dans la majorité de ses membres [l'administration] était composée d'hommes qui, toute leur vie, avaient par violence et par l'intrigue
repoussé toute idée de responsabilité, affiché le mépris pour l'extension
des libertés populaires, pour le gouvernement des majorités. » (*Ibid.*,
p. 57.)

C'est à une prise de conscience de la dépossession par une minorité que Papineau en appelle encore en 1848 : « Langue, lois, institutions, tout a été violé sans frein ni pudeur, tout a été attaqué ou nous est enlevé, sans honte ni scrupule ; rien de cela n'est plus confié à la garde de ceux qui les connaissent et chérissent. Tout est livré à la merci d'une minorité qui ne les connaît pas, et qui les hait[46]. » En démocratie, la justice réside dans la souveraineté populaire, dans le décompte des voix. Cela constitue l'enjeu ultime pour Papineau :

> Dans notre système de gouvernement faussement appelé responsable, avec notre ministère faussement appelé libéral, on prétend y décider contrairement à cette règle si sage ; tout se fera par et pour la minorité. J'ai donc raison de dire que le gouvernement responsable, qui souffre de pareilles injustices, était un mauvais gouvernement [...]. Encore une fois, j'ai donc eu raison de dire que ce système était mauvais, que quoique je pensasse que les hommes, qui sous lui, acceptaient des places, pussent être des hommes à bonnes intentions, dans le principe, ils ne l'étaient plus, s'ils consentaient à l'infériorité politique de leur pays[47].

Majorité, donc représentation proportionnelle

C'est précisément pour éviter l'infériorisation politique du pays que Papineau insiste tant pour que la majorité démogra-

---

46. Papineau, « Aux électeurs du comté de Saint-Maurice », p. 163.

47. *Ibid.*, p. 165.

phique soit respectée, qui ne l'est plus depuis l'établissement du nouveau régime constitutionnel d'Union, lequel a aboli la représentation selon la population au profit d'une représentation égale pour chaque province. En 1843, il explique à son ami O'Callaghan la contradiction d'un système où le statut colonial dévalorise les droits démocratiques : « [N]ous donnons 54 représentants à 400 000 sujets parce qu'ils sont anglais ; nous en donnons 30 à 700 000 sujets parce qu'ils sont français ; nous refusons les réformes demandées par les deux tiers des 400 000 et les neuf dixièmes des 700 000, parce que nous voulons qu'il soit bien entendu, dans toute l'étendue des colonies, que l'idée de droits propres et inviolables et le titre de colons sont des incompatibilités[48]... »

En 1845, tandis qu'il est encore à Paris, il écrit à un député anglais qui l'appuie, John Arthur Roebuck, que seule la représentation proportionnelle, en phase avec le « système naturel américain », permettrait l'acceptation du gouvernement responsable[49]. Sur cette question, Papineau aura le soutien du Comité de la réforme et du progrès de Québec, qui publiera, en novembre 1847, un manifeste revendiquant une réforme dans la représentation parlementaire[50].

---

48. L.-J. Papineau à Edmund Bailey O'Callaghan, 5 mai 1843, dans *Lettres à divers correspondants*, t. 1, p. 518.

49. « Il n'y a que cette mesure qui fera renaître l'espoir que l'on acquiesce sincèrement à lui laisser un gouvernement responsable, influencé et dirigé par les représentants du pays. » (L.-J. Papineau à John Arthur Roebuck, 16 juillet 1845, dans *Lettres à divers correspondants*, t. 1, p. 565-566.)

50. Texte du manifeste dans Thomas Chapais, *Cours d'histoire du Canada*, t. 6 : *1847-1851*, Québec, Librairie Garneau, 1933, p. 219-247.

À l'élection de décembre 1847, le candidat Papineau ne voit rien de moins que du machiavélisme dans le nouvel arrangement constitutionnel[51]. À peine de retour en Chambre, il affirme que la réforme du Parlement est la première mesure dont on doive s'occuper et que « l'égalité politique » de la représentation proportionnelle est la seule garantie contre toute partialité[52]. Concrètement, la proposition de Papineau pour former une Assemblée législative véritablement représentative consiste à accorder un représentant pour chaque tranche de 10 000 habitants, le résultat étant que le Bas-Canada aurait 75 députés et le Haut-Canada, 60. Il explique à ses électeurs les conséquences découlant de cette représentation proportionnelle :

> Des explications calmes sur l'impossibilité de faire harmonieusement fonctionner un système, également avilissant pour les deux sections, qui n'a été imaginé que pour nourrir les dissensions entre elles, conduiraient les parties intéressées à demander le rappel de l'Union qui ne leur a été imposée que par la violence, l'intrigue et la corruption, et à le demander avec une majorité puissante, dans un Parlement devenu libre et moral, par cette combinaison, que le rappel ne serait pas refusé.

---

51. Voir Louis-Joseph Papineau, « Adresse aux électeurs des comtés de Saint-Maurice et de Huntingdon [Premier manifeste] », 20 décembre 1847, dans *Cette fatale Union,* p. 21.

52. Papineau, « Discours parlementaire », [vers le 20 mars 1848], dans *Cette fatale Union,* p. 48.

La chute est vindicative : « Les hommes qui ne savent pas voir cet avenir sont des aveugles ; les hommes qui ne le veulent pas sont des tyrans[53]. » C'est cette « majorité puissante » qui rendrait possibles, faisables, la réforme et, conséquemment, la révocation de l'Union. Il y a donc ici deux attentes successivement conditionnelles : obtenir la *rep by pop* et, cela fait, obtenir que cette possible majorité demande la révocation du régime. Mais pour cela, il faut croire à l'égalité de tous et croire que le gouvernement est « responsable au peuple[54] », et ce, dans une colonie où le pouvoir ultime est ailleurs. Un pouvoir dont on cherche, à moyen ou long terme, à s'émanciper ; une colonie où le rapport de forces démographique est localement en train de basculer.

La stratégie de Papineau mise sur le nombre de citoyens, sur le nombre de représentants du Haut- et du Bas-Canada ; elle mise aussi sur le temps, qui ne tardera pas à jouer contre le Bas-Canada. LaFontaine fait quant à lui une autre gageure : il a déjà expliqué et répété qu'il vaut mieux garder la représentation égale, car le jour où l'immigration anglophone et d'autres origines amorcée en 1815 aura produit tous ses effets au Canada-Est et au Canada-Ouest, la majorité du Canada-Uni pourra changer. Papineau voit ainsi cet horizon de risque :

J'entends des hommes si bons, si patients qu'ils me disent : Mais pourquoi faire de l'agitation ? Dans l'avenir, le Haut-

---

53. Papineau, « Troisième manifeste », p. 132.

54. Louis-Joseph Papineau, « Aux électeurs du comté de Saint-Maurice », p. 175.

Canada aura la majorité ; et alors à quoi aura servi d'avoir obtenu que la population soit prise comme base de la représentation ? Est-ce qu'il ne pourra pas, alors, lui à son tour demander justement que sa représentation soit plus forte que la nôtre ? Sans doute, si l'Union durait alors, le Haut-Canada demanderait ses justes droits. Pas un de ses hommes publics n'aurait la bassesse et l'ineptie de retarder d'un seul jour à demander justice, et je sens dans mon cœur que je ne refuserais pas, et j'ai cette confiance dans la moralité de mes compatriotes, qu'ils ne s'opposeraient pas à une demande qui serait aussi bien fondée en raison qu'en équité, comme l'est aujourd'hui la nôtre[55].

Si l'Union durait, précise Papineau...

Un gouvernement responsable de type américain

Pour celui qui, depuis les débuts de l'Union, a toujours vu dans l'Assemblée « la seule autorité que j'aie aimée, que j'aime, et que j'aimerai », c'est du côté des États-Unis et non de l'Europe qu'il faut regarder. On n'y a pas la même conception du gouvernement responsable :

Est-il possible que les ministres, avec leur attachement intéressé et passionné pour l'aristocratie, donnent la même valeur aux mots « gouvernement responsable » que des hommes élus en Amérique qui ne peuvent aimer et connaître que la démo-

55. *Ibid.*, p. 183. On trouve l'énoncé des positions de Papineau et de LaFontaine dans *Debates of the Legislative Assembly of United-Canada (1841-1856)*, du 20 au 29 mars 1849.

cratie ? S'ils ne sont en place que pour l'argent, ils peuvent bien feindre de l'engouement pour les principes monarchiques et aristocratiques de l'Europe, mais alors ils ne peuvent pas être réélus, et leur gouvernement responsable se disloque. S'ils sont sincères et reflètent les passions, défendent les droits, aiment et comprennent les intérêts de leurs constituants, ils heurtent les préjugés du ministère anglais qui les brise[56].

À des amis britanniques qui ont foi « dans l'esprit de justice anglais », il répond : « [M]oi, je dis que je n'y ai pas foi. Ils espèrent opérer un peu de bien ; je crains du mal encore, avant le bien qui ne peut pas nous venir d'Europe[57]. » C'est sa conscience de la condition coloniale, tracée par trente-cinq ans de vie politique, qui lui fait voir pourquoi le bien ne peut venir des vieux pays : « En matière de gouvernement, tous les Européens sont des hommes sans foi politique ; mais surtout dans les colonies, l'homme de la métropole est, doit être, ne peut être autre chose qu'un *exploitateur* des ressources et désaffections de la colonie au profit des intérêts et des passions de la métropole. Telle est du moins la foi de l'immense majorité des Canadiens français[58]. »

Dans la famille, on ne se trompe pas sur les positions de Papineau, comme permet de le constater la lecture d'une lettre

------

56. L.-J. Papineau à Amédée Papineau, 31 décembre 1843, dans *Lettres à ses enfants*, t. 1, p. 166.

57. L.-J. Papineau à Julie Bruneau-Papineau, 31 janvier 1844, dans *Lettres à Julie*, p. 470.

58. L.-J. Papineau à Julie Bruneau-Papineau, 31 décembre 1844, dans *Lettres à Julie*, p. 531.

de mars 1847 qu'a écrite Denis-Émery Papineau, neveu de Louis-Joseph, à son frère Joseph-Benjamin-Nicolas Papineau : « Mon oncle, je pense, ne rentrera pas au moins actuellement dans les affaires pour bien des raisons. La principale est, je crois, qu'il ne s'accorderait avec personne sur l'idée mère (autour de laquelle toutes les autres devront se grouper), qui devra être la base de la politique du pays. Cette idée, je crois, est celle-ci : que tant que nous serons avec l'Angleterre, nous ne ferons rien ; qu'il n'y a qu'avec les États-Unis que nous ferons quelque chose[59]. » Du côté du pouvoir, on ne se méprend pas non plus sur sa vision. Lord Elgin lit, dans la première adresse de Papineau à ses électeurs, en décembre 1847, « une déclaration ouverte de républicanisme[60] ». Et tous comprendront que Papineau ne reniera pas ce qu'il revendiquait au cours des années 1830. Wolfred Nelson, par exemple, en tirera les conséquences qui s'imposent pour le réformiste qu'il est devenu.

Les signes de la préférence républicaine de Papineau pour la « responsabilité représentative » plutôt que pour la « responsabilité ministérielle » ne manquent pas. Annexionniste en 1848, il dénonce l'idée du Canada-Uni, d'une seule province, et propose la création d'au moins huit États américains : « Il y a de quoi couper bien des États dans l'espace immense que comprennent le Haut et le Bas-Canada. Il y a, sur cette ligne frontière, huit différents États chez les Améri-

59. Denis-Émery Papineau à Joseph-Benjamin-Nicolas Papineau, 24 mars 1847, cité dans Monet, *La Première Révolution tranquille*, p. 350.

60. Lettre de Lord Elgin à Grey, 24 décembre 1847, cité dans Monet, *La Première Révolution tranquille*, p. 351.

cains, et l'on ne veut faire ici qu'une seule province[61]. » Il décrit le système électoral aux États-Unis et résume ainsi sa position républicaine : « Nous devons donc, pas à pas, nous rapprocher le plus généralement possible de l'extension du système électif [62]. »

* * *

Alors que le Canada-Uni vit à l'heure de l'Union et que les réformistes tirent profit de l'obtention du gouvernement responsable, Louis-Joseph Papineau est fidèle à ses engagements des années 1830, à telle enseigne qu'il retarde son retour d'exil, en 1845, de peur d'être dégoûté par la vie politique de son pays. L'arrivée au pays sera, en ce sens, extrêmement difficile : il devra se colleter avec ses anciens collaborateurs et des membres de sa famille, affronter une attaque en règle à propos de sa prétendue « fuite » de Saint-Denis, vivre sa marginalisation à l'Assemblée législative, lui qui avait été, jusqu'à 1837, le leader incontesté du Bas-Canada. Tout cela n'entame en rien ses convictions républicaines : élu, il rappelle aussitôt la nécessité (et l'urgence) d'instaurer la représentation proportionnelle pour mieux assurer l'abrogation de cet Acte d'Union, dont le caractère odieux tend à s'estomper pour beaucoup de réformistes. Papineau ira au bout de ses convictions : l'annexion aux États-Unis. Mais, entre-temps, le fil de l'histoire va se tendre et se rompre pour de bon. En janvier 1849, Papineau affronte LaFontaine.

---

61. Papineau, « Aux électeurs du comté de Saint-Maurice », p. 184.

62. *Ibid.*, p. 189.

CHAPITRE 5

Les 22 et 23 janvier 1849

Papineau revient d'exil en septembre 1845. Sollicité pour se présenter comme député, il finit par accepter. Il est élu en décembre 1847 et siège à l'Assemblée législative, à Montréal, au début de 1848. Ses prises de position vont à contre-courant, lui qui fut absent durant la moitié de la décennie 1840. Ses opinions l'isolent et les réformistes, auxquels il s'oppose plutôt fermement, cherchent aussi à l'isoler — ils ont obtenu une majorité d'une quarantaine de voix aux élections de décembre 1847. La presse ministérielle lui fait une opposition constante, et le député de Montmorency et directeur du *Journal de Québec*, Joseph Cauchon, donne le ton, en mars 1848, de la distance à l'égard du « grand homme » : « J'ai beaucoup admiré ses brillantes harangues, mais je ne les admire plus, parce qu'elles ne conduisent à rien... Il y a des hommes qui sont puissants à détruire, mais qui n'ont jamais rien élevé sur les ruines qu'ils ont faites[1]. » C'est une image qu'on fait circuler, celle d'un homme qui a failli et a détruit

---

1. Dans Antoine Gérin-Lajoie, *Dix ans au Canada*, cité dans Thomas Chapais, *Cours d'histoire du Canada*, t. 6 : *1847-1851*, Québec, Librairie Garneau, 1933, p. 53.

quand il n'a pas pris la fuite, comme l'a laissé entendre Wolfred Nelson. Papineau est alors non seulement en minorité au Parlement, il est aussi en isolement politique. Il l'avait un peu deviné : sa présence ne pouvait pas « réunir ».

Cette marginalisation trouve son point d'orgue au début de janvier 1849, au moment où se dessine une stratégie d'annexion du Bas- et du Haut-Canada aux États-Unis, stratégie paradoxale qui unit dans un mariage contre nature des marchands anglo-montréalais conservateurs, déçus de l'abolition du protectionnisme commercial de l'Angleterre à l'égard du Canada, et des libéraux radicaux francophones.

Le 22, Papineau se lève

Tirant prétexte d'un passage d'un discours du gouverneur à propos de la satisfaction populaire à l'égard de l'Union, Papineau réitère sa vision politique d'une extension du « principe d'élection » à toutes les charges et montre du doigt le parti libéral, qui « compose un discours, qui convient en tout au parti tory, qu'il a tant méprisé, tant combattu ». Pour lui, « les noms tory et libéral ont disparu [...] les deux partis n'en font plus qu'un », et on comprend que LaFontaine et George-Étienne Cartier aient présenté leur parti comme libéral-conservateur.

Au terme d'une année 1848 qui a vu l'intensification du combat pour le suffrage universel (France) et l'affirmation du principe des nationalités (Hongrie, Italie), il déplore que le discours du trône n'ait pas inclus « au moins quelques mots de sympathie en faveur des nobles et courageux efforts, qui viennent d'être faits en Europe contre toutes les tyrannies, contre toutes les espèces de despotisme ». Ces efforts ont été le fait « d'hommes généreux, qui se dévouent à combattre le despotisme, pour lui substituer le principe démocratique des idées d'égalité et de fraternité humaine ».

Papineau prend son temps de parole pour mettre en relief les initiatives du gouvernement responsable, qui se révèle surtout « une digue » antidémocratique qui fausse la représentation, qui rehausse les conditions d'éligibilité à l'Assemblée législative et non au Conseil législatif, qui limite le quorum à vingt députés, qui fait partager de manière inéquitable une dette commune.

Alors que le ministère Balwin-LaFontaine propose une augmentation égale du nombre de députés dans les deux provinces, Papineau revient avec un amendement : le rétablissement de la représentation selon la population. L'homme est conscient de son isolement. Il déclare : « [Q]uoique ma marche puisse être isolée, je ne craindrai ni ne regretterai jamais de présenter une mesure, de soutenir une doctrine que j'aurai lieu de croire juste et qu'on n'aura pas réfutée, et de plus je ne regarderai jamais si je suis seul ou non pour la soutenir. »

Se désolidarisant de façon manifeste du gouvernement, il dénonce une popularité mise au service d'une politique destructrice et espère « convaincre tous les hommes bien pensants, tous les amis de la liberté, qu'il sera toujours plus sage pour eux de ne pas faire partie d'un gouvernement comme le nôtre, que d'en faire partie ». Pour lui, le gouvernement en place est un gouvernement de patronage et d'asservissement :

Est-il possible qu'en présence de moyens de séduction aussi patents que ceux que possède ici le pouvoir, on ne s'alarme pas un peu, et qu'on ne dise pas que le patronage de la couronne devrait être restreint ? Un ministère comme le nôtre, je le répète, accomplit l'œuvre de Sydenham. Il n'a aucune force pour le bien, mais beaucoup pour le mal, il n'a aucune force pour le renversement des abus, mais beaucoup pour l'asservissement de ceux qu'il gouverne.

Ses ministres n'ont d'autre volonté que celle du Colonial Office. Quant à lui, il n'a qu'un objectif, la réforme électorale, seul « moyen de conduire un rappel de l'Union[2] ».

Le 23, LaFontaine se lève

L'homme qui avait cherché à voir et faire voir que l'Union avait été et était une « planche de salut » pour les Canadiens français réplique ponctuellement à Papineau, et critique plus globalement les choix politiques de « celui dont les déclamations acerbes et virulentes n'ont pas duré moins de trois heures ».

LaFontaine rappelle à Papineau que « sans ses anciens amis politiques », contre lesquels « il déverse à pleines mains […] l'injure », il serait « encore sur la terre de l'exil ». Il souligne que c'est à sa politique qu'on doit le rétablissement de la langue française à l'Assemblée législative et le transfert du siège du gouvernement au Bas-Canada, à Montréal. Voilà tous

---

2. L'intervention de Papineau est consignée dans Chapais, *Cours d'histoire du Canada*, t. 6, p. 248-286 ; citations, p. 253, 282, 253-254, 270, 269-270, 285.

les acquis sur lesquels miseront, cent cinquante ans plus tard, les laudateurs du réformisme comme pierre angulaire du Canada.

LaFontaine dénonce en outre le « système d'opposition à outrance » de son adversaire, système qui fait que les Canadiens français auraient été et seraient écrasés. Il persiste à penser que « c'est ce nombre égal de représentants pour chacune des deux sections de la province, qui nous protège aujourd'hui ». Il sait que, démographiquement, le vent tourne au Canada-Uni : « Pour ceux qui ne se laissent pas aveugler par leurs passions politiques, il doit être évident qu'avant que nous soyons appelés à faire une nouvelle élection générale, le Haut-Canada aura une population plus forte que celle du Bas-Canada. »

Le chef du gouvernement ne tolère pas qu'on l'accuse « ainsi que [ses] collègues, de vénalité, d'amour sordide des emplois, de servilité devant le pouvoir ! À l'entendre, lui seul est vertueux, lui seul est courageux, lui seul aime son pays » ! LaFontaine récuse « l'agitation liberticide où l'honorable membre voudrait entraîner [le peuple canadien] ». Il prévient Papineau : « Que l'honorable membre ne se laisse pas abuser par d'anciens souvenirs[3] ! » Ainsi la constance des idées devient-elle le propre d'un homme dont la montre retarde. Le coup est fatal[4].

Mince consolation pour Papineau : par son seul vote ou

---

3. L'intervention de LaFontaine est consignée dans *ibid.*, p. 286-307 ; citations, p. 286, 287, 289, 294, 289-290, 291, 298.

4. Voir Yvan Lamonde, *Histoire sociale des idées au Québec*, vol. 1, *1760-1896*, Montréal, Fides, 2000, p. 308.

celui de quelques autres, il réussira, en 1849, 1850 et 1851, à bloquer le projet de loi de LaFontaine à propos de l'augmentation égale du nombre de députés (de 42 à 75) dans chaque section du Canada-Uni. Ce projet requérait les deux tiers des votes de l'Assemblée législative. La défaite est tout de même évidente : le recensement de 1851, le premier de la série des recensements décennaux que le Canada connaît toujours, allait révéler, à sa publication, en octobre 1852, que le Haut-Canada, ou Canada-Ouest, comptait 952 004 habitants et le Bas-Canada, ou Canada-Est, 890 261 habitants[5]. La fenêtre de la représentation proportionnelle à l'avantage des Bas-Canadiens était refermée.

---

5.   Bruce Curtis, *The Politics of Population: State Formation, Statistics, and the Census of Canada, 1840-1875,* Toronto, University of Toronto Press, 2001, p. 88-91, 136-139 ; Chapais, *Cours d'histoire du Canada,* t. 6, p. 82, 159, 198.

CHAPITRE 6

Se tenir debout, peut-être seul :
Papineau et la fédération continentale

Au début de 1849, la mémoire et la conscience politiques de Papineau sont fortement lestées : quinze années de luttes constitutionnelles à titre de député et de leader (1817) du Parti canadien devenu le Parti patriote (1826), rejet des 92 Résolutions par la métropole, répression de la résistance de 1837, huit années d'exil aux États-Unis et en France, échec de l'opposition au projet de l'Union, échec de la demande de rétablissement de la représentation proportionnelle et, conséquemment, de la stratégie de révocation de l'Union, élection en 1847, marginalisation au début de 1849 face à un parti de réformistes au pouvoir.

Annexion et consolation jeffersonienne

C'est dans ce contexte et à la suite du choix « de ne pas attendre que le désespoir amenât des rixes sanglantes » que Papineau adhère à une solution qui se fait jour à l'automne 1849 : l'annexion du Canada, Bas et Haut, aux États-Unis. Ce serait, enfin, « la fin du régime colonial » et l'amorce de ce que l'homme politique voit comme une « séparation » de la métropole anglaise. L'annexion comblerait ses vœux « d'institutions purement électives », notamment parce que les membres des sénats de certains États américains y sont élus. Cela dit, il faut préciser qu'avant 1849 Papineau n'est pas annexionniste, qu'il ne l'était pas, de surcroît, en 1837 ni avant. Il est certes admiratif des institutions républicaines des États-Unis depuis le milieu des années 1820 et attend beaucoup du grand voisin après la fin de non-recevoir que Londres a opposée aux 92 Résolutions, mais on comprend qu'il évolue « naturellement » vers cette solution radicale après tant d'échecs politiques.

Son adhésion se fait non sans une flèche aux « vertueux » Baldwin et LaFontaine. Dans une lettre au Comité annexionniste de Québec datée du 25 octobre 1849, il déclare que ces derniers ont démenti toute leur vie politique « en changeant leur[s] anciens aboyemens quand ils étaient affamés, en doucereuses louanges quand ils sont repus et rassasiés[1] ». Une semaine plus tôt, il avait précisé, pour son fils Amédée, les défis de la transition et les effets positifs de « moralisation » d'une telle marche à la démocratie :

> La déclaration d'indépendance est parfaite. Ceux qui retarderont à s'adjoindre à ce mouvement en auront honte bien vite. *Le Canadien* de Québec et sa doctrine servile, est-ce l'écho du clergé seul ou du ministère aussi ? Tu peux savoir, par Barthe,

---

1. Louis-Joseph Papineau, « L'annexion du Canada aux États-Unis (Lettre au Comité annexionniste de Québec) », 25 octobre 1849, repris dans *Louis-Joseph Papineau, un demi-siècle de combats. Interventions publiques,* choix de textes et présentation d'Yvan Lamonde et Claude Larin, Montréal, Fides, 1998, p. 565, 564, 565, 566 et 568.

ce que pense et dit Parent de l'annexion. [...] Le revirement est inévitable et parfaitement désirable. La transition ne laissera pas que d'être accompagnée de grands embarras pour les Canadiens français. Ils porteront la peine de leur ignorance. Ils manqueront d'hommes éclairés pour les fonctions très nombreuses qu'il y a à exercer dans un système tout électif. Dans les commencements, l'administration locale des intérêts communs sera très mauvaise, mais c'est le seul système dans lequel chacun demeure d'accord, sent et dit qu'il faut s'instruire ou souffrir, et bientôt un effort unanime pour rendre générale l'instruction amènera la moralisation, l'activité bien dirigée, et l'aisance.

Quelque lointaine qu'elle puisse être, l'annexion sera sa grande « consolation » à lui, le vieil homme[2]. Papineau signe donc, en décembre 1849, le Manifeste annexionniste, qui fera toutefois long feu[3].

---

2.   « Nous, vieux, verrons les jours d'épreuves ; vous, jeunes gens, les jours de triomphe et de succès. Mes visions de l'avenir, la participation aux doctrines et aux succès de l'école jeffersonienne seront ma consolation, même quand il y aura des moments de doute et de pénibles épreuves, comme il y en a eu pour Jefferson lui-même, travaillant pour une population infiniment mieux préparée que la nôtre à faire prévaloir ses principes. » (L.-J. Papineau à Amédée Papineau, 18 octobre 1849, dans *Lettres à ses enfants*, t. 1 : *1825-1854*, texte établi et annoté par Georges Aubin et Renée Blanchet, introduction d'Yvan Lamonde, Montréal, Varia, 2004, p. 239.

3.   Le manifeste est reproduit dans Thomas Chapais, *Cours d'histoire du Canada*, t. 6 : *1847-1851*, Québec, Librairie Garneau, 1933, p. 307-325.

Qui dit annexion dit assimilation

Papineau, tout comme son neveu Louis-Antoine Dessaulles, demeure annexionniste après 1850, alors que le mouvement s'éteint. Il est conscient de certains écueils, notamment une éventuelle « louisianisation » du pays. Lui qui prévoit l'ajout de plusieurs États en raison de la grandeur du territoire annexé doit aussi prévoir les conséquences de l'« assimilation » : « Notre éducation française est un malheur pour nous parce que notre situation nous destine à l'assimilation avec les États-Unis. L'éducation française est la meilleure pour les autres nations européennes, qu'elle émancipera des privilèges et despotismes exorbitants de Rome, Vienne et Petersbourg ; mais elle nous fait courir après l'inconnu, quand le positif, l'état politique le meilleur qui ait existé, est à notre porte[4]. » Malgré les risques, Papineau sera toujours désireux, en 1853, de sortir « de la dépendance coloniale » et il persistera à penser qu'il « n'y a de gouvernement honnête possible pour nous qu'après l'annexion[5] ».

Son fils Amédée, éduqué aux États-Unis durant son exil, est lui aussi admiratif de la grande république, à telle enseigne qu'il estime qu'il n'y aura de littérature canadienne que modelée sur celle des États-Unis. Il formule cette idée à l'occasion d'un concours littéraire à l'Institut canadien de Montréal tenu en 1853, ayant pour thème : *Littérature canadienne, son passé,*

---

4.   L.-J. Papineau à Amédée Papineau, 29 août 1851, dans *Lettres à ses enfants,* t. 1, p. 342.

5.   L.-J. Papineau à Amédée Papineau, 7 janvier 1853, dans *Lettres à ses enfants,* t. 1, p. 496.

son présent, son avenir. Avant l'abbé Casgrain et Hector Fabre, il énonce les « conditions préliminaires et indispensables » au développement d'une littérature « propre, distincte et nationale » :

> Il faut que le pays ait été longtemps habité, pendant une série de siècles ; que sa population se soit accrue considérablement et se compte par millions ; qu'il y ait assez d'homogénéité distinctive des autres peuples dans son langage, ses mœurs et ses idées ; que cette population ait acquis de grandes richesses et qu'elle les accumule assez pour qu'une classe nombreuse de citoyens aient les moyens et les loisirs de dévouer leur vie entière à l'étude et aux lettres, et que la masse des citoyens ait le temps, les connaissances, le goût et l'argent pour apprécier et récompenser les œuvres de la classe des gens de lettres ; que ce peuple ait enfin une longue et glorieuse histoire à raconter, une nature grande et féconde à peindre et à chanter, un type particulier, et sien propre, à illustrer.

C'est ce que les États-Unis, société « plus analogue à la nôtre », ont connu avec « la grande épopée de leur colonisation et de leur révolution à écrire, la démocratie moderne à fonder, et leur République continentale à gouverner ». Franklin, Jefferson, Silliman, Audubon, Beecher, Cooper, Irving et d'autres ont fait la preuve que, « [a]vant la victoire intellectuelle, il faut la lutte et la conquête matérielle. Il faut asseoir la société sur les bases solides d'une prospérité réelle et permanente, avant qu'elle puisse se livrer sans entraves et sans d'inquiètes distractions aux douces jouissances de la culture des arts et des lettres ». Il conclut : « Cet exemple des États-Unis est notre enseignement », et si « la réforme ne peut pas commencer dans nos écoles, commencez-la dans ces nobles fondations, vos instituts[6] ». Vœu pieux ?

Nationalité colombienne, fédération continentale

Louis-Joseph Papineau, qui avait franchi le pas de l'annexion à l'automne 1849, franchit une autre étape en 1854. Son adhésion à la possibilité d'un avenir du Bas-Canada dans la mouvance des États-Unis prend forme. L'idée d'un Canada annexé aux États-Unis va plus loin à compter de 1854 : il voit le Canada dans l'union états-unienne elle-même intégrée dans une « fédération continentale ».

L'idée est de son fils Amédée, qui la formule depuis le début de l'Union. Dès 1842, Amédée conçoit l'avenir dans une fédération non pas des colonies anglaises, mais dans une perspective des Amériques :

> L'éditeur du *Canadien,* dans son numéro du 16, en donnant des statistiques sur la population des États-Unis et en calculant que la génération présente verra cette population s'élever à 50 millions, déclare que « de la considération de l'avenir, sous ce rapport, doit découler une utile leçon pour nos gouvernants, qui doivent voir la nécessité qu'il y a pour eux d'élever dans l'affection du peuple de ces colonies un rempart solide contre la pression de la masse énorme de population

6. L. Giard, Louis-Joseph-Amédée Papineau et Louis Labrèche-Viger, « À l'Institut canadien de Montréal », 17 décembre 1853, Bibliothèque et Archives nationales du Québec (BAnQ), Montréal, fonds Louis-Joseph-Amédée Papineau, P28, S4, D1.

qui pèsera bientôt sur nos frontières », et ajoute que le seul remède est le remède Durham, la Confédération des colonies anglaises, en opposition à la Confédération des États-Unis ! Mais plus loin, il se décourage de l'ineptie et de la faiblesse de « nos gouvernants ». « Des gens, dit-il, que les faits historiques les plus parlants ne savent instruire ; qui ferment les yeux sur les circonstances morales et sociales les plus patentes ; pour qui le passé, le présent et l'avenir sont sans enseignement ; que pourraient faire auprès d'eux les exhortations de l'humble journaliste. »

À tout cela, je réponds : Ce qui est si désirable, ce qui peut seul faire le bonheur et la paix permanents des Canadas comme de l'Amérique, ce que j'appelle de tous mes vœux, ce que *Le Canadien* et d'autres amis de leur pays semblent redouter, ce qui fait l'horreur des loyalistes et du gouvernement anglais, l'agglomération de toutes les sections de l'Amérique en une seule vaste république ; une Confédération continentale, une par son esprit et ses lois, une par ses institutions sociales et politiques, sera. Toute l'histoire passée du Nouveau-Monde l'enseigne d'une manière irréfragable. Le doigt de Dieu nous y conduit. Les ennemis comme les amis de l'Humanité, le gouvernement anglais lui-même, travaillent sans cesse et en aveugles à cette œuvre gigantesque. « Laissez passer la justice de Dieu[7] ! »

---

7. Amédée Papineau, *Journal d'un Fils de la Liberté, 1838-1855*, nouv. éd. avec index, texte établi avec introduction et notes par Georges Aubin, Québec, Septentrion, 2010, entrée du 28 février 1842, p. 488-489.

Amédée continue de raffiner cette idée, et l'entrée du Texas dans l'union états-unienne, en 1845, lui inspire cette réflexion : « Le grand et bel événement est accompli. Le vaste territoire du Texas appartient aux États-Unis. Le 19 juin, les deux Chambres du Congrès texan ont, à l'unanimité, décrété l'annexion du Texas. Un bel enfant de plus au sein de la grande famille continentale ; en dépit du Mexique, de la France et de l'Angleterre. » Original et utopiste, Amédée rêve d'une « Unité humanitaire » dont le berceau se trouve en Amérique :

> Elle y grandira. Cinq cent millions d'hommes-frères occuperont le continent septentrional et parleront un même idiome. Cinq cent millions, le continent méridional, et eux aussi béniront Dieu dans un même idiome. Sur toute l'étendue du Nouveau-Monde, il y aura paix universelle, libre échange universel, fraternité universelle. Et ainsi sera rachetée la malédiction de Babel.

L'anglais sera donc « la langue universelle de l'unité continentale », ce qui « n'exclut pas de nécessité les langues allemande, française, espagnole et indigènes » dans un monde dont l'état social et politique offrira des « moyens d'instruction et des loisirs [qui permettront à] la plupart des citoyens d'acquérir une connaissance familière et pratique de ces différentes langues[8] ».

---

8.   Amédée Papineau, « Civilisation. Développement de l'Homme individuel et social », avril 1848, BAnQ, Québec, fonds Famille Joseph Papineau, P417/10,3.1.7.1.

C'est à partir de 1854, moment où le régime d'Union fait face à des difficultés croissantes et où l'on commence à chercher une solution nouvelle, que Louis-Joseph Papineau envisage une nationalité autre. Non pas une nationalité « néo-canadienne et mixte », mais plutôt une nationalité tout aussi mixte et américaine. Il entrevoit même cet État du Québec — *State of Quebec*, vraisemblablement — en tant que partie d'un tout continental, d'une « nationalité colombienne ». De Montebello, il confie à Amédée :

> Il se forme une nouvelle et grande nationalité, mais elle n'est pas celle du Massachusetts, du Connecticut, du Vermont, de la Delaware, etc., et prêcher la petite nationalité néo-canadienne, c'est repousser l'annexion, qui est aussi certaine que désirable, et où doit se former une nationalité colombienne, car c'est au génie super éminent de celui-là qu'il a été donné de préparer le berceau où devaient naître et croître les vertus de Washington et le génie de l'auteur de la déclaration d'Indépendance, non des treize colonies seulement, mais de l'humanité entière. Il révélait les droits politiques communs à l'homme de toute race et de toute couleur[9].

Admiratif du système républicain, de la généralité du principe électif, de l'autonomie des États plus grande dans le régime fédéral états-unien que dans celui du Canada-Uni, Papineau ne voit pas l'annexion aux États-Unis comme un passage à une autre situation coloniale : « Ces exemples ne

---

9. L.-J. Papineau à Amédée Papineau, 31 décembre 1854, dans *Lettres à ses enfants*, t. 1, p. 639.

sont-ils pas décisifs des avantages de l'annexion le plus tôt possible ? et de l'association à ce qui sera demain le plus noble théâtre intellectuel et le plus heureux état politique qu'il y ait au monde, au lieu de l'état colonial[10] ? » Attentif à la montée impérialiste de la métropole, celui qui pense qu'il est « aussi impossible à une métropole de bien gouverner des colonies qu'aux czars, à l'Autriche, à la Prusse, de bien gouverner la Pologne[11] » écrit : « L'Angleterre veut organiser ses faibles colonies pour un prochain état d'indépendance qui les enlacerait dans un système d'alliance avec elle, qui les rendra complices de ses querelles futures, auxquelles son système d'exploitation commerciale l'entraîne plus fréquemment qu'aucune autre des nations de l'Europe[12]. » L'homme n'est pas devin, certes, mais il est difficile de ne pas penser ici à la Confédération et au statut de Westminster.

En décembre 1856, la vision de l'avenir du Bas-Canada qu'a Papineau est on ne peut plus claire, en particulier en ce qui concerne l'inévitable assimilation culturelle et linguistique que nous évoquions plus haut : « Colonie, notre nationalité sera étouffée et extirpée par la violence et l'insulte. État, elle se modifiera lentement par l'assimilation, ayant autant et plus à donner pour faire naître l'esprit français littéraire, artis-

10. L.-J. Papineau à Amédée Papineau, 15 décembre 1856, dans *Lettres à ses enfants*, t. 2 : *1855-1871*, texte établi et annoté par Georges Aubin et Renée Blanchet, introduction d'Yvan Lamonde, Montréal, Varia, 2004, p. 193.

11. L.-J. Papineau à Amédée Papineau, 10 janvier 1855, dans *Lettres à ses enfants*, t. 2, p. 11.

12. L.-J. Papineau à Amédée Papineau, 15 décembre 1856, dans *Lettres à ses enfants*, t. 2, p. 193.

tique et éminemment social autour d'elle, et à emprunter pour devenir plus active et industrieuse qu'elle n'est. » Le nouveau destin de cette nationalité est américain et il semble bien que l'autonomie des États dans la république fédérale soit satisfaisante :

> M. Chauveau et *Le National* feignent d'avoir peur pour la nationalité, qui ne peut être fortifiée par l'émigration et conservée un peu plus longtemps que dans la combinaison politique qui fera du Bas-Canada un État séparé, se gouvernant quant à ses intérêts sectionnaires, lui seul et lui-même, et associé par ses citoyens les plus distingués à la participation à tout ce qu'il y a de prodigieusement grand, de bon, d'utile à faire dans le Congrès américain[13].

Le même mois, il écrit à Amédée comment il a expliqué le sens de la doctrine Monroe au représentant d'Alphonse de Lamartine en Amérique, Jean-Baptiste Desplace : « Je l'engage à continuer avec eux la discussion commencée avec moi pour la doctrine Monroe, méridien des Açores, point de partage entre les systèmes européens et américains. » Il donne un certain souffle utopiste à son propos :

---

13. L.-J. Papineau à Amédée Papineau, 23-24 décembre 1856, dans *Lettres à ses enfants*, t. 2, p. 198. Papineau reconnaît son héritage européen et français ; il rapporte à Amédée ses propos à des Américains : « Vous êtes le premier des peuples en politique ; en masse, vous êtes mieux que l'Europe sous bien des rapports, mais vous lui êtes inférieurs en profondeur de science, en savoir-vivre, socialement et matériellement, en culte et sentiment pour les beaux-arts qui polissent les hommes et les consolent. » (L.-J. Papineau à Amédée Papineau, 8 mars 1857, dans *Lettres à ses enfants*, t. 2, p. 229.

Vingt royaumes mangés par des armées permanentes ; et trois républiques, l'américaine par excellence, soleil qui éclaire et échauffe et instruira les Amériques espagnoles et portugaises, toutes trois sans armées ni flottes, ni Églises liées à la politique de l'État ; intronisant une ère nouvelle et meilleure dans la constitution sociale de l'humanité. La politique québécoise, lui ai-je dit, est soufflée par l'Angleterre qui voudrait introduire ses propres institutions avec son alliance en Amérique. Je lui ai donné à réfléchir. Il m'interrogeait beaucoup sur le Canada de mon temps et sur l'état actuel de ce pays, et moi sur celui de la France[14].

La guerre de Sécession : espérer moins des États-Unis et de l'humanité

Cela ne fait aucun doute, Papineau est chez lui aux États-Unis : « Je suis à Washington depuis deux jours, où tout est enchantement pour mes prédilections américaines, où tout est ivresse de bonheur pour mes convictions républicaines[15]. » On se doute bien que la guerre de Sécession sera pour lui un grand choc. En 1861, il en est fortement ébranlé ; la raison républicaine ne semble plus devoir prévaloir :

Qu'un peuple comme celui des États-Unis, en soit venu à se haïr mutuellement au point de convenir de part et d'autre

---

14. L.-J. Papineau à Amédée Papineau, 29 décembre 1856, dans *Lettres à ses enfants*, t. 2, p. 201.

15. L.-J. Papineau à Amédée Papineau, 21 février 1857, dans *Lettres à ses enfants*, t. 2, p. 223.

que le raisonnement est impuissant à les concilier, qu'il est inutile de livrer à la décision de conventions la conciliation de leurs différends ; qu'il faut en appeler aux chances des combats : c'est installer l'empire de la force, comme dernier arbitre des destinées humaines jusqu'à la consommation des siècles. Washington et Jefferson ont clos leur carrière, sans libérer leurs esclaves. Sont-ils des pervers que le républicanisme doit flétrir ?

Et si la raison républicaine flanche, à quoi peut-on s'attendre pour la suite ? À rien de très bon, sans doute : « L'on ne peut plus espérer que la raison empêchera les guerres nationales, les haines et les rivalités séculaires de l'Europe, quand elle est impuissante à empêcher la guerre civile, dans le pays le mieux constitué qu'il y ait encore au monde[16]. » Les « gouvernements absolus profiteront de ces misères pour déprécier les institutions[17] », car cette guerre civile est pour Papineau un enjeu de civilisation[18].

Porté par l'utopie, Amédée croit que les États-Unis vont se « purifier » de l'esclavage : « La République continentale et la démocratie purifiée de l'esclavage d'aucune race humaine ! Voilà le programme, et qui va bientôt s'accomplir de tous

---

16. L.-J. Papineau à Amédée Papineau, 4 juillet 1861, dans *Lettres à ses enfants*, t. 2, p. 425-426.

17. L.-J. Papineau à Amédée Papineau, 27 juin 1861, dans *Lettres à ses enfants*, t. 2, p. 421.

18. « Cette guerre funeste est plus coupable, plus nuisible à la civilisation et à la liberté des peuples que ne l'ont été même les plus détestables guerres de religion. » (L.-J. Papineau à Amédée Papineau, 30 septembre 1861, dans *Lettres à ses enfants*, t. 2, p. 441.)

points[19] ! » Son père en doute tant la guerre inique l'irrite et le décourage, lui qui était convaincu « que les discussions et conventions pouvaient couper court à tout malentendu entre nos voisins ». L'Amérique vaut-elle alors mieux que la vieille Europe ? La question se pose :

> Mais, quand ils ne connaissent pas de meilleur moyen d'en finir que ne le font les Français, Anglais, Allemands, Italiens et autres barbares, ils tombent dans la même barbarie que l'Europe. Quand la philanthropie pour leurs frères noirs, qu'ils jettent à coup[s] de pied hors de leurs assemblées politiques, de leurs voitures publiques et de leurs églises, s'exhale en expressions de haine mortelle contre leurs frères blancs, je les trouve plus barbares qu'aucun des Européens ci-devant nommés, etc.[20].

Un tel délabrement républicain met sérieusement en cause sa vision colombienne : « *Alea jacta est.* La vision de Colomb est évanouie. L'Amérique est entraînée dans le système européen d'équilibre, de changement perpétuel d'alliances, de guerres incessantes, d'armée permanente, de tout ce qui est mal là-bas d'abord. » Ébranlé qu'il est, sa culture européenne refait surface : « Ce qui y est bien et mieux qu'en

---

19. Amédée Papineau à son père et sa mère, 10 novembre 1861, Bibliothèque et Archives Canada, MG24,B2, vol. 39, dossier 4 ; Mic. C-15799 ; partie de la correspondance d'Amédée à paraître en 2012.

20. L.-J. Papineau à Amédée Papineau, 16 novembre 1861, dans *Lettres à ses enfants*, t. 2 : *1855-1871*, texte établi et annoté par Georges Aubin et Renée Blanchet, introduction d'Yvan Lamonde, Montréal, Varia, 2004, p. 445.

Amérique, le culte des lettres, des sciences et des arts, l'élégance des manières et l'esprit de sociabilité, ne s'y généralisera que dans un avenir éloigné. La dissémination des populations dans d'interminables forêts et prairies y empêchant les frottements qui polissent. Je mourrai dans le deuil et contristé, plus que je ne l'avais prévu[21]. »

En 1862, la désillusion se creuse :

La funeste guerre fratricide que se font les Américains a fait cesser pour longtemps la prospérité et le contentement dans ce beau pays. Quelle qu'en soit l'issue, il n'y aura plus de citoyenneté entre le Nord et le Sud ; au plus, des vainqueurs et des vaincus, et des haines inextinguibles. Leurs institutions semblaient les meilleures qu'il y eût jamais eu au monde, quand l'on imaginait qu'elles moralisaient et éclairaient assez les peuples pour espérer que leurs dissentiments pouvaient être réglés par la discussion en conventions et par la cour suprême. Maintenant que l'on sait qu'ils ne sont pas plus sages et vertueux que des Anglais, des Français et des Allemands, qui depuis si longtemps s'entrégorgent si facilement ; maintenant que les suites de la guerre grèveront pendant un long avenir les populations d'Amérique presque à l'égal de celles de l'Europe, le prestige est détruit, l'émigration [sic] diminuée, l'armée permanente permanemment grossie[22].

---

21. L.-J. Papineau à Amédée Papineau, 25 décembre 1861, dans *Lettres à ses enfants*, t. 2, p. 455.

22. L.-J. Papineau à Amédée Papineau, 12 avril 1862, dans *Lettres à ses enfants*, t. 2, p. 474.

Il n'y a plus de consolation, mais qu'un doute sur l'humanité[23].

La guerre civile états-unienne est terminée depuis deux ans et la Confédération canadienne est en place depuis le 1er juillet lorsque Papineau, en décembre 1867, fait une conférence testamentaire à l'Institut canadien de Montréal. Il y aborde la question « colombienne » de manière plus philosophique ; selon lui, il est toujours de l'intérêt des « établissements nouveaux en Amérique [...] de demander leur émancipation le plus tôt possible, et d'acquérir tous les avantages et tous les privilèges de nationalités nouvelles, tout-à-fait indépendantes de l'Europe ». Il qualifie d'« aveugles » ceux « qui parlent de la création d'une nationalité nouvelle, forte et harmonieuse, sur la rive nord du Saint-Laurent et des grands

---

23. « Il n'y a plus de consolation nulle part. Autant je serais réjoui des succès des États en lutte contre une ou des monarchies européennes, autant je suis attristé du mal qu'ils se font. La démonstration est acquise qu'un aussi vaste territoire ne peut demeurer permanemment uni. La distance crée des produits, des intérêts, des affections, des manières toutes différentes qui nécessitent des séparations. L'homme est fou et méchant des deux côtés de l'océan. C'est la seule conclusion qui découle du spectacle où je ne vois rien que de profondément attristant. Si la proposition actuelle du président, que la confédération aidât à ceux des États qui la voudraient spontanément, l'émancipation de leurs esclaves, avait été faite à aucune époque des dix dernières années, la confédération aurait duré heureuse et grande, assez pour que j'eusse fermé l'œil en paix à ma dernière, en imaginant sa perpétuité et son influence salutaire sur l'amélioration des sociétés politiques. Mais non, je mourrai dans le doute et le chagrin d'aimer moins, d'espérer moins de l'humanité... » (L.-J. Papineau à Amédée Papineau, 12 avril 1862, dans *Lettres à ses enfants*, t. 2, p. 474.)

lacs », d'une nationalité qui serait « déjà toute formée » et « confinée dans ses limites actuelles ». Cette nationalité sera aussi marquée par l'immigration, comme toutes les nations américaines, et elle sera composée « de toutes les races d'hommes qui, avec leurs mille croyances religieuses, grand pêle-mêle d'erreurs et de vérités, sont poussées par la Providence à ce commun rendez-vous pour fondre en unité et fraternité toute la famille humaine ». Ce « fait » est pour lui « trop évident sur toute l'étendue de l'Amérique et dans toute son histoire, depuis sa découverte par Colomb ». C'est sur « cette base solide » que « l'homme du Nouveau-Monde » doit « asseoir la société nouvelle et ses nouvelles institutions ». Papineau laisse son auditoire de l'Institut sur ces paroles : « La patrie n'aura de force, de grandeur, de prospérité, de paix sérieuse et permanente, qu'autant que toutes ces divergences d'origines ou de croyances s'harmoniseront et concourront ensemble et simultanément au développement de toutes les forces et de toutes les ressources sociales[24]. »

Malgré les désillusions, sa conviction à propos de l'annexion demeure, comme il l'écrit à Amédée en 1870 : « Le seul regret que me donneront mes 85 ans, après votre retour et notre réunion, c'est que je ne verrai pas la consommation de la si désirable annexion, mais je finirai avec la foi entière qu'elle est certaine et prochaine, comme si je l'avais vue de

24. Louis-Joseph Papineau, « Conférence à l'Institut canadien », 17 décembre 1867, repris dans Louis-Joseph Papineau, un demi-siècle de combats. Interventions publiques, choix de textes et présentation d'Yvan Lamonde et Claude Larin, Montréal, Fides, 1998, p. 574-611.

mes yeux tout grands ouverts[25]. » À un an de son décès
(le 25 septembre 1871), Papineau précisera encore sa conception de l'annexion[26]. Il lira même son progrès dans certains
événements, comme la conférence que donne Hector Fabre à
l'Institut canadien de Québec, le 15 mars 1871 : « L'événement important de la semaine est la lecture que Fabre est venu
donner avant-hier soir, mercredi, sur la confédération, l'indépendance et l'annexion. Il a peint avec grande force l'état de
misère générale du pays et avec grande clarté l'avenir de la
prospérité que lui donnerait l'annexion. » Papineau connaît
toutefois l'homme et est conscient de sa versatilité :

> C'est parfait, mais ça reste sans beaucoup d'autorité parce
> qu'il n'est pas respecté autant que ses talents le mériteraient,
> s'il était plus fixe dans ses principes. Chacun de se demander :
> « Sont-ce ses convictions ? » Il a appuyé la confédération
> comme indispensable pour nous sauver du péril imminent

---

25. L.-J. Papineau à Amédée Papineau, 26 mai 1870, dans *Lettres à ses
enfants*, t. 2, p. 607.

26. « Mais, pour que toutes les parties du continent soient aussi homo-
gènes que possible, il faut qu'il n'y ait pas qu'un État du Bas-Canada
avec un territoire double de celui de New York, un seul État [du] Haut-
Canada avec un territoire double de celui de la Pennsylvanie. Le Bas-
Canada devra former trois États, et le Haut, deux, pour prévenir toute
idée de retour vers la forme monarchique. » Cette conception est une
façon de garantir la décentralisation : « Parce que nous avons trois ou
quatre baronnets anglais, ce germe de mauvaise institution plaît à
quelques hommes faibles et vains et à tout le clergé, qui aime partout la
concentration du pouvoir, quand nous en aimons la diffusion. » (L.-J.
Papineau à Amédée Papineau et à ses petits-enfants, 21 juillet 1870,
dans *Lettres à ses enfants*, t. 2, p. 622.)

d'être englobé par l'annexion. Il la condamnait encore il y a trois mois, et maintenant, c'est notre seule chance de salut. À moi, cela prouve quel progrès fait cette opinion qui s'affiche hautement à Québec[27].

L'espoir d'une vie cache-t-il au vieux routier les limites de ses attentes ? À moins qu'il n'espère retrouver chez les autres un peu de la constance de ses idées, républicaines, lesquelles auront fini par l'isoler du côté de l'annexionnisme et de cette « fédération continentale » qui n'aura pas de suite, sauf peut-être dans quelque accord de libre-échange nord-américain lointain.

Si, concernant Papineau, il y a erreur sur la personne, c'est en grande partie à propos de son orientation politique après 1849. Concrètement, il faut d'abord reconnaître que, s'il n'a pas manqué de réitérer *publiquement* son adhésion à l'annexionnisme, il a surtout réservé à son fils Amédée et à la *sphère privée* l'expression de ses vues sur la confédération continentale et, surtout, sur l'assimilation linguistique qui s'ensuivrait nécessairement. Ce rapport du public au privé est évocateur quant à la conscience claire qu'avait Papineau du caractère controversé de ses positions et de leurs effets si elles étaient devenues publiques, même s'il n'était plus en politique depuis 1854. La prudence exige ici qu'on n'oblitère pas l'homme d'avant 1837 et qu'on se mette en présence d'un homme passablement isolé dont la complexité des positions va se formuler durant ses quinze dernières années.

---

27. L.-J. Papineau à Amédée Papineau, 24 mars 1871, dans *Lettres à ses enfants*, t. 2, p. 703.

Certes, l'historien n'a pas d'accès véritable à la nostalgie
des protagonistes de l'histoire, mais son travail ne l'empêche
pas d'essayer de sentir la dimension affective des mots et des
actes de ceux-ci ; par contre, il n'a pas le droit de mettre
des mots, ses mots, dans la pensée de ces protagonistes. Il
n'empêche qu'on peut se demander à bon droit si, de l'émancipation à l'assimilation dans une république, Papineau a
liquidé ses convictions. S'est-il coupé de ses concitoyens ?
A-t-il pris une position qui équivalait, en définitive, à la fin de
son pays ? Quel est le prix, hier et aujourd'hui, de la radicalisation de ses idées ? Une chose est certaine : le jeu était risqué
et a isolé le joueur pour ses contemporains et pour les lecteurs
actuels de sa correspondance.

Que faut-il mettre dans les plateaux de la pesée ? La sortie
désirée de la dépendance coloniale, des institutions purement
électives et la proximité géographique d'une république réussie — malgré les désillusions passagères de la guerre de Sécession, qui pèsent somme toute lourd chez Papineau — font-
elles le poids face aux « grands embarras » que connaîtront les
Canadiens français, face au constat d'un manque d'hommes
éclairés pour orienter les institutions électives et face à « l'éducation française » ? Les lumières françaises, si utiles pour lutter contre les tyrannies européennes, s'imposent-elles de la
même façon en Amérique ?

Il faut noter que Papineau fait tout autant référence à
la conviction républicaine qu'à la culture et à la langue françaises. Le point de départage est ainsi formulé : « Colonie, notre nationalité sera étouffée et extirpée par la violence
et l'insulte. État, elle se modifiera lentement par l'assimilation, ayant autant et plus à donner pour faire naître l'esprit
français littéraire, artistique et éminemment social autour

d'elle, et à emprunter pour devenir plus active et industrieuse qu'elle n'est. »

Papineau estime que la condition coloniale est plus risquée pour la « nationalité » que la condition d'un État, que celui-ci soit un État souverain ou plus vraisemblablement un État de l'union états-unienne. Dans ce dernier scénario, la nationalité se modifiera par « l'assimilation » ; l'incitatif culturel sera plus fort, plus exigeant et peut-être plus porteur sur un mode américain que sur un mode colonial britannique, mais il faut bien envisager que la nationalité, c'est-à-dire la langue et le droit civil français, aura quelque chose d'agonique. Pour Papineau, c'est une pesée de l'Histoire, c'est un risque pris en faveur d'une conviction : la plénitude démocratique de la république plutôt qu'une vie coloniale à l'ombre d'une métropole monarchique et aussi anglophone.

La volonté de cohérence, surtout quand les événements se retournent contre soi et sa pensée politique, a peut-être pour prix une radicalisation qui isole, voire un possible aveuglement, un certain utopisme sur les conséquences réelles de l'assimilation. Chose certaine, il y a là, tout de même, une forte conscience démocratique, fût-elle imperméable à certains dangers guettant le peuple canadien-français, que rien ni personne n'a pu entraver.

Conclusion

Qu'est-ce qui s'effondre avec la fin d'une certaine image du personnage de Papineau ? Ce Papineau d'après l'Union, marginalisé politiquement, tenant indéfectible de l'annexion, conscient de l'assimilation qui s'ensuivrait et qui engloberait le Québec dans le continent américain, peut-il encore parler aux Québécois ? Il faut d'abord rappeler que le Papineau d'après 1840 n'est pas tout Papineau. Loin de là : l'homme de la défense des droits des Canadiens français et l'inspiration de leurs combats pour l'émancipation de 1815 à 1838 n'est pas évoqué dans ces pages. Signe de l'urgence d'une biographie de l'homme qui en donnerait la juste mesure. Mais, en l'absence d'un tel travail et au terme de notre exercice, que sait-on de Louis-Joseph Papineau après 1838 ? Que sait-on de Papineau dans une perspective d'histoire des idées, dans une perspective qui ne se résume pas à la simpliste opposition d'hommes politiques, mais qui met en lumière des enjeux auxquels font toujours face les contemporains et qui ne sont pas réglés parce que les guerriers s'estiment fatigués ?

On sait d'abord que Papineau reprend du service de 1847 à 1849, qu'il est opposé à l'Union, essentiellement parce qu'il s'agit d'un régime constitutionnel imposé par la métropole sans l'accord de la législature coloniale. L'engagement anticolonialiste de Papineau apparaît dans cette opposition.

On sait qu'il est contre le gouvernement responsable, lequel ne peut être vraiment responsable dans une colonie où le gouverneur, représentant de la royauté, est là pour assurer la pérennité du lien colonial, pour perpétuer la dépendance coloniale. Il s'y oppose encore parce qu'il ne peut y avoir de vraie responsabilité dans un régime où la majorité, la *rep by pop*, ne s'impose pas. Il sait depuis 1809 que l'enjeu des trois projets d'union réside dans la recherche, par la métropole, du contrôle politique de la colonie par le contrôle de l'Assemblée. Il voit clairement les moyens qui sont mis en œuvre, dont le retrait de la *rep by pop* et son rapide rétablissement lorsque celle-ci sert, enfin, l'intérêt métropolitain.

On sait que ces positions visaient un objectif fondamental, la révocation du régime d'Union de 1840. Conscient que les Bas-Canadiens ne pouvaient plus compter sur de vrais « libéraux » au Haut-Canada, Papineau se savait sans appui véritable. S'il mène le combat malgré tout, c'est que l'enjeu est capital et la tendance, irréversible. Quel est donc cet enjeu ? La possibilité même que les Canadiens français soient quelque part en majorité et puissent continuer à conduire leur destin à leur manière. C'est cela qui bascule en 1849.

On sait plus clairement que ses contemporains qu'il demeure annexionniste après 1850 ; qu'il aura été défenseur, du moins en privé, d'une « fédération continentale » ou « colombienne ». Papineau est annexionniste et continentaliste parce qu'il est républicain et démocrate. Il est républicain parce que ses idées et ses idéaux viennent des États-Unis d'alors et qu'ils ne peuvent plus venir d'Angleterre.

On sait qu'il est pour l'émancipation coloniale. Il l'est depuis 1823, il la recherche par une démarche qui entend rester « constitutionnelle », mais qui se radicalise progressivement après l'assemblée de Saint-Laurent (15 mai 1837), dans son *Histoire de l'insurrection du Canada* de 1839 et avec ses positions postérieures à 1840. Ces positions sont nettement anticoloniales : la démocratie à géométrie variable de la monarchie britannique ne peut que le pousser vers la république et le principe électif. La question se pose : de quelle émancipation s'agit-il, de quelle émancipation possible *compte tenu des contraintes*, de quelle politique dont on a les moyens ? Pour comprendre (sans approuver pour autant) Papineau, il faut être ouvert à l'idée que *l'annexion du Canada aux États-Unis puisse être pour lui une émancipation*. La formule d'un État indépendant agrégé à une fédération continentale signifie d'abord un État dans l'union états-unienne, plus précisément quatre ou cinq États, compte tenu de l'importance géographique du territoire annexé. Le Bas-Canada serait ainsi émancipé parce qu'un État américain contrôle les dépenses des domaines de sa compétence, le Sénat y est élu (dans certains États seulement) et sa marge de souveraineté par rapport au pouvoir fédéral est plus satisfaisante que dans le cas d'une province canadienne.

On sait que, face à l'assimilation consécutive à l'annexion, les nouveaux « Franco-Américains » compenseront un déclin de la langue française par une défense et une illustration de l'« esprit français ». Cette vision peut relever de l'utopie. Cette utopie, les contemporains de Papineau la connaissent peu ou prou. Ils savent, au début de 1849, qu'il n'est plus le grand homme qu'il fut de 1817 à 1837, qu'il y a, depuis 1840, une « fatale scission ».

On sait finalement que Papineau, qui a traversé l'histoire des trois quarts du XIXe siècle, a développé une conscience historique primordiale, alimentant même François-Xavier Garneau, avec qui il entretint une correspondance. Papineau fut

acteur et chroniqueur, à sa façon. Sa conscience politique
s'appuie d'abord sur son père, qui siège à la Chambre d'assemblée dès son inauguration, en 1792. Elle se façonne alors
qu'il est député (1808), puis leader (1817) du Parti canadien
et du Parti patriote de 1826 à 1837. C'est cet homme qui peut
voir la trajectoire du passé, dans le cas des trois projets d'union
de 1809, de 1822 et de 1840, par exemple. Papineau a une
mémoire longue. Il demande à sa femme de conserver ses
lettres (le plus souvent fort détaillées) pour le jour où il pourrait enfin retracer l'histoire du pays. C'est aussi pourquoi sa
bibliothèque canadienne et américaine lui importe tant — il
se réserve cette partie si jamais il devait vendre ses livres pour
subsister en exil. C'est aussi pourquoi, pendant la période
d'exil, il copie et fait copier des documents relatifs à l'histoire
de la Nouvelle-France aux archives du ministère de la Marine,
à Paris. Qu'a pu chercher Papineau dans cette quête histo-
rienne ? Le sujet mériterait de longues et précieuses pages.

Ce que Papineau réitère aujourd'hui

À la lumière de ces connaissances, il faut reprendre la question : comment et de quoi Papineau parle-t-il aux Québécois
contemporains ? Papineau incarne d'abord une *conscience
historique et démocratique*. Il a refusé de se laisser « diviser »
pour que le colonialisme règne. Sa conscience politique et
historique est intègre, avec le paradoxe résiduel de sa condition seigneuriale jusqu'en 1854. Après cette date, Papineau
obtient une compensation et se comporte comme un entre-
preneur colonisateur de la région de la Petite-Nation.
     Papineau met la défense et la promotion de la nationalité

à l'enseigne de la démocratie, du principe électif, du principe de la majorité. Pour lui, la nationalité ne se conjugue pas sans référence à la démocratie. Il est républicain parce qu'il a vécu en Amérique. Son républicanisme est d'inspiration états-unienne plus que française. Son américanité se joue à ce niveau plus qu'à quelque niveau de béat mimétisme ou de servilité ; ainsi a-t-il pu douter des États-Unis durant la guerre de Sécession, de 1861 à 1865.

Aujourd'hui, nous croyons qu'une véritable conscience démocratique et historique devrait pouvoir, d'entrée de jeu, dédramatiser la défaite ou l'échec, dans la mesure où elle permet de voir les événements et les hommes dans une dynamique de longue fidélité à des principes républicains et démocratiques. L'événement de 1837 n'est pas un échec si la persévérance nourrit l'objectif démocratique, si la conscience historique nourrit la détermination dans les principes.

Une véritable conscience historique et démocratique, révélant la continuité des idées républicaines de Papineau, remettrait aussi en question les faux sentiments de continuité qui organisent plusieurs pans de l'histoire du pays. Pour le dire simplement, la découverte de l'inachèvement du projet de Papineau permet de démasquer les faux-semblants d'achèvements historiques : 1848 n'est pas l'aboutissement de 1837. Croire que le gouvernement responsable est l'achèvement d'un processus d'abord violent, devenu pacifique et conciliant grâce à la bonne volonté d'hommes politiques de chaque côté de la rivière des Outaouais, c'est refuser de regarder en face les Rébellions et l'achoppement des idées républicaines. C'est encore une fois cacher la signification symbolique de l'événement ou de la trajectoire du libéralisme démocratique du XIXe siècle.

Se cacher la mémoire derrière des géants

Tout se passe comme si, sans conscience historique et démocratique, plusieurs Québécois tendaient aujourd'hui vers 1837 en s'arrêtant à des objets et à des symboles déracinés. C'est là un travail de mémoire réconfortant, sans danger. Les Rébellions et Papineau ? On pensera peut-être au dessin du *Vieux de 37* d'Henri Julien, au nom d'une cellule terroriste, à la tête et au toupet de Louis-Joseph Papineau. Pour le dire comme le philosophe Jacques Lavigne en 1956 : « Ainsi avons-nous remplacé notre âme par des souvenirs et des emprunts et sans que nous la trahissions elle nous est devenue absente[1]. » Se souvenir ainsi, c'est le plus souvent éviter une véritable réflexion sur le passé, sur l'échec momentané et sur l'inachèvement ; c'est condamner sa mémoire à l'inaction, analogue au caractère statique de ces objets déracinés. C'est voir des points isolés là où la ligne pourrait s'imposer.

Ces objets passent et repassent dans la mémoire du pays, mais ne s'arrêtent pas. Appelons cela la *logique du défilé.* Des défilés comme ceux du 24 juin, peut-être, que Jean Larose analysait il n'y a pas si longtemps sous l'angle de la *petite noirceur.* En pleine déprime postréférendaire, l'essayiste écrivait : « Baptiste, dans sa statue en papier "de dix pieds de hauteur" à l'Oratoire, n'est plus représenté enfant, mais adulte : c'est pire, cela signifie peut-être que la "grande noirceur" a passé avec succès l'épreuve de la modernisation[2]. » Trente ans plus

---

1. Jacques Lavigne, « Notre vie intellectuelle est-elle authentique ? », *Le Devoir,* 22 novembre 1956.

2. Jean Larose, *La Petite Noirceur,* Montréal, Boréal, 1987, p. 31.

tard, le personnage de dix pieds n'est plus Baptiste. Il a été remplacé par des géants de carton-pâte qui représentent René Lévesque, Maurice Richard, Jeanne Mance, Rendez-vous Loto-Québec (ce personnage « incarne le plaisir de fêter et de passer du bon temps en famille et entre amis[3] ») et Louis-Joseph Papineau. On ne connaît pas très bien l'homme politique du XIXe siècle, mais on lui érige une statue de 4,81 mètres (15,8 pieds[4]).

À l'occasion du défilé de la Saint-Jean-Baptiste du 24 juin 2011, le chroniqueur Jean-François Nadeau faisait ces observations, dont on peut tirer beaucoup plus qu'une réflexion sur les mauvaises conditions météorologiques du jour : « De la pluie, encore de la pluie. Et le moral qui va avec elle. Un petit garçon de trois ans, protégé par un parapluie aux couleurs de Spiderman, regardait le mannequin géant du chef patriote Louis-Joseph Papineau, laissé seul au coin d'une rue. » Ou encore : « Hier matin, au coin d'une rue de Mont-réal, le révolutionnaire Louis-Joseph Papineau, avec ses 92 Résolutions inscrites le long de sa robe noire, restait seul sous la pluie, sans fléchir même devant les jours gris[5]. » Déjà que les Québécois ne sauraient en connaître beaucoup sur leur passé et leur avenir en voyant passer une marionnette géante, imaginez lorsque celle-ci reste abandonnée au coin

---

3. Voir le site Internet du Défilé des géants — Géant Rendez-vous Loto-Québec : www.fetenationale-montreal.qc.ca/rendezvous/index. html (consulté le 4 décembre 2011).

4. *Ibid.*

5. Jean-François Nadeau, « Une Saint-Jean bien arrosée », *Le Devoir,* 25-26 juin 2011.

d'une rue ! De toute façon, pour le dire comme un personnage d'Hubert Aquin : « Je vous le dis, l'indépendance n'est
pas un char de la Saint-Jean-Baptiste[6]… »

S'il y a une chose que la mémoire de Papineau, « calibrée »,
révèle, c'est bien que les problèmes coloniaux ne disparaissent
pas quand on regarde ailleurs. Ni quand on s'intéresse à la tête
d'un homme politique. Ni quand on pense qu'ériger une
représentation géante du même homme permet de faire l'économie d'une réflexion sur sa conscience historique et démocratique. Certes, les problèmes coloniaux, s'ils existent encore,
ne se déclinent plus de la même manière aujourd'hui. En 2011,
le Québec est décomplexé au possible. Nous avons le Cirque
du Soleil, après tout. Et nous ne saurions retourner à la vulgate
démodée de la décolonisation. Mais il faut poser la question :
quand on prend acte de la défaite parlementaire et surtout
symbolique de Papineau, en 1848 ou 1849, de ce qui « bascule », peut-on croire qu'on a achevé — au sens de *tuer* — la
possibilité d'un achèvement réel ? Et cet achèvement, si d'aventure quelqu'un voulait le réanimer, quel sens prendrait-il
aujourd'hui ? Il faut voir de quel côté l'ambivalence, jamais
bonne pour une personne ou un peuple, peut être mise en
échec.

---

6. Hubert Aquin, *Trou de mémoire*, Ottawa, Le Cercle du Livre de
France, 1968, p. 35.

Épilogue sous la forme
d'un genre littéraire ancien : le tombeau

Daniel O'Connell (1775-1847), incarnation de la lutte pour les droits des catholiques et pour l'indépendance de l'Irlande, a été enterré au cimetière Glasnevin, à Dublin, qu'il avait lui-même fondé en 1832. De mai 2010 à décembre 2011, au musée du cimetière, l'exposition *The Man Who Discovered Ireland* lui a été consacrée, offrant « *a unique insight into his life and achievements*[1] ». Son monument funéraire est sans aucun doute le plus connu et le plus impressionnant du cimetière : la crypte familiale est surmontée d'une tour de granit de cinquante et un mètres, la tour circulaire la plus haute d'Irlande. Le monument a été récemment restauré.

Les restes de Simón José Antonio Bolívar (1783-1830), héros de l'indépendance sud-américaine, ont d'abord été transférés de Santa Marta (Colombie actuelle) à Caracas (Venezuela), en 1842. En 1874, l'église de la Trinité est devenue le « Panthéon national », c'est-à-dire le mausolée de Bolívar, bientôt

---

1. Site Internet du musée du cimetière, www.glasnevinmuseum.ie/exhibitions/daniel-oconnell/ (consulté le 8 juin 2011).

rejoint par d'autres grands personnages. Le lieu a son importance dans la vie politique actuelle : par exemple, Hugo Chávez, après l'échec du coup d'État d'avril 2002, s'est rendu au Panthéon pour dégainer l'épée du grand homme, qu'il présente aussi à ses invités de marque, de Jean-Paul II à Robert Mugabe[2] (deux noms mal assortis, il va sans dire).

Le monument funéraire de George Washington (1732-1799), premier président des États-Unis d'Amérique, se trouve dans son domaine de Mount Vernon, en Virginie. Deux fois par jour, du mois d'avril au mois d'octobre, on dépose des couronnes de fleurs sur le monument de brique où reposent le président et sa femme Martha[3]. Le domaine de Mount Vernon, l'un des lieux historiques les plus populaires aux États-Unis, est ouvert tous les jours de l'année. On peut aussi passer à sa boutique pour y acheter une réplique de la clé de la Bastille (offerte par La Fayette à Washington) ou un ensemble poivrière et salière à l'effigie du premier président et de sa femme.

Louis-Joseph Papineau (1786-1871), chef du Parti patriote et homme politique le plus important du XIXe siècle bas-canadien, est enterré dans une chapelle funéraire, achevée en 1855, qu'il a lui-même fait construire dans son domaine de Montebello. S'il croyait que cette « dernière et permanente

---

2. Pierre Vayssière, *Simón Bolívar. Le rêve américain*, Paris, Payot, 2008, p. 381.

3. Site Internet du domaine, www.mountvernon.org/visit/plan/index. cfm/pid/535/ (consulté le 8 juin 2011).

demeure située dans un joli bocage [...] s'embelli[rait] avec la croissance de sa jeune forêt et les plantations additionnelles projetées[4] », force est de constater que c'est plutôt un terrain mal entretenu, couvert de mauvaises herbes, qui enserre aujourd'hui le monument. Une clôture empêche de se « recueillir dans ce mausolée familial », comme le propose solennellement le guide du visiteur. La porte est verrouillée, et cela se comprend : les tombes auraient été récemment endommagées et des ossements auraient été déplacés. Un problème de souche (d'arbre), a-t-on dit. Quant à la possibilité d'une visite une fois les réparations faites, rien n'avait encore été fixé au début de l'été 2011 : tout dépendait de l'embauche d'un étudiant pour la période estivale.

---

4. L.-J. Papineau à Jean-Joseph Girouard, 30 mai 1855, dans *Lettres à divers correspondants*, t. 2 : *1845-1871*, texte établi et annoté par Georges Aubin et Renée Blanchet, Montréal, Varia, 2006, p. 197.

Remerciements

Il y a, à propos de l'étude et de la connaissance de Papineau, un avant et un après : l'après vint avec l'initiative de François Labonté, réalisateur de cinéma, de Georges Aubin, professeur de littérature et éditeur de textes de patriotes, et de Renée Blanchet, professeure de littérature et romancière, de colliger la correspondance de Papineau. Sans eux, et sans les Éditions du Septentrion qui offrent désormais la correspondance en version papier et en version électronique — donc interrogeable —, notre travail eût été impossible. C'est dire notre reconnaissance envers ces travailleurs infatigables.

Nous avons bénéficié de l'expertise de Gilles Gallichan, bibliothécaire et historien à la bibliothèque de l'Assemblée nationale, en matière d'histoire parlementaire.

Nous remercions le Conseil de recherches en sciences humaines du Canada pour son soutien financier.

Écrits publiés de la famille Papineau et études sur Louis-Joseph Papineau

I. Correspondance et écrits de la famille Papineau

Louis-Joseph Papineau

PAPINEAU, Louis-Joseph, *Louis-Joseph Papineau, un demi-siècle de combats. Interventions publiques,* choix de textes et présentation d'Yvan Lamonde et Claude Larin, Montréal, Fides, 1998, 662 p.

PAPINEAU, Louis-Joseph, *Lettres à Julie,* texte établi et annoté par Georges Aubin et Renée Blanchet ; introduction d'Yvan Lamonde, Sillery et Québec, Septentrion et Archives nationales du Québec, 2000, 812 p.

PAPINEAU, Louis-Joseph, *Histoire de la résistance du Canada au gouvernement anglais,* présentation, notes et chronologie de Georges Aubin, Montréal, Comeau & Nadeau, coll. « Mémoire des Amériques », 2001, 82 p.

PAPINEAU, Louis-Joseph, *Cette fatale Union. Adresses, discours et manifestes (1847-1848),* introduction et notes de Georges Aubin, Montréal, Lux, coll. « Mémoire des Amériques », 2003, 223 p.

PAPINEAU, Louis-Joseph, *Lettres à ses enfants, 1825-1871,* t. 1 : *1825-1854* ; t. 2 : *1855-1871,* texte établi et annoté par Georges Aubin et Renée Blanchet ; introduction d'Yvan Lamonde, Montréal, Varia, coll. « Documents et biographies », 2004, 655 p. et 753 p.

PAPINEAU, Louis-Joseph, *Lettres à divers correspondants, 1810-1871,* t. 1 : *1810-1845* ; t. 2 : *1845-1871,* texte établi et annoté par Georges Aubin et Renée Blanchet ; avec la collaboration de Marla Arbach ;

introduction d'Yvan Lamonde, Montréal, Varia, coll. « Documents et biographies », 2006, 588 p. et 425 p.

AUBIN, Georges, *Papineau en exil à Paris*, t. 1 : *Dictionnaire*; t. 2 : *Lettres reçues, 1839-1845*; t. 3 : *Drame rue de Provence*, suivi de *Correspondance de Mme Dowling*, traduite en français par Corinne Durin, annotée par Georges Aubin, Notre-Dame-des-Neiges, Éditions Trois-Pistoles, 2007, 304 p., 599 p. et 218 p.

PAPINEAU, Louis-Joseph, *Lettres à sa famille, 1803-1871*, texte établi et annoté par Georges Aubin et Renée Blanchet, introduction d'Yvan Lamonde, Québec, Septentrion, 2011, 846 p.

N.B. : Les Éditions du Septentrion vendent aussi la version numérique de toute la correspondance expédiée de Papineau, qu'on peut dès lors interroger.

Julie Bruneau-Papineau

PAPINEAU, Julie, *Une femme patriote. Correspondance, 1823-1862*, texte établi avec introduction et notes par Renée Blanchet, Sillery, Septentrion, 1997, 518 p.

Amédée Papineau

PAPINEAU, Amédée, *Souvenirs de jeunesse, 1822-1837*, texte établi avec introduction et notes par Georges Aubin, Sillery, Septentrion, Les Cahiers du Septentrion n° 10, 1998, 134 p.

PAPINEAU, Amédée, *Journal d'un Fils de la Liberté, 1838-1855*, texte établi avec introduction et notes par Georges Aubin, Sillery, Septentrion, 1998, 957 p.

PAPINEAU, Amédée, *Lettres d'un voyageur. D'Édimbourg à Naples en 1870-1871*, texte établi, annoté et présenté par Georges Aubin, Québec, Nota bene, 2002, 416 p.

PAPINEAU, Amédée, *Amédée Papineau*, t. 1 : *Correspondance, 1831-1841*; t. 2 : *Correspondance, 1842-1846*, texte établi avec introduction et notes par Georges Aubin et Renée Blanchet, Montréal, Michel Brûlé, 2009 et 2010, 543 p. et 471 p.

PAPINEAU, Amédée, *Journal d'un Fils de la Liberté, 1838-1855*, nouv. éd. avec index, texte établi avec introduction et notes par Georges Aubin, Québec, Septentrion, 2010, 1045 p. (offert également en livre numérique).

PAPINEAU, Amédée, *Correspondance, 1857-1902*, texte établi avec introduction et notes par Georges Aubin et Renée Blanchet, à paraître.

Lactance Papineau

PAPINEAU, Lactance, *Correspondance, 1831-1857*, texte établi avec introduction et notes par Renée Blanchet, Montréal, Comeau & Nadeau, 2000, 249 p.

PAPINEAU, Lactance, *Journal d'un étudiant en médecine à Paris*, texte établi avec introduction et notes par Georges Aubin et Renée Blanchet, Montréal, Varia, coll. « Documents et biographies », 2003, 609 p. (offert également en livre numérique).

Gustave Papineau

PAPINEAU, Gustave, *Articles parus dans le journal* L'Avenir, *1849-1851*, texte établi et annoté par Georges Aubin ; introduction d'Yvan Lamonde, à paraître.

Rosalie Papineau-Dessaulles

PAPINEAU-DESSAULLES, Rosalie, *Correspondance, 1805-1854*, texte établi, présenté et annoté par Georges Aubin et Renée Blanchet, Montréal, Varia, coll. « Documents et biographies », 2001, 305 p.

2. Études sur Louis-Joseph Papineau

LAMONDE, Yvan, et Claude Larin, « Bibliographie chronologique des études sur Louis-Joseph Papineau », dans Louis-Joseph Papineau, *Louis-Joseph Papineau, un demi-siècle de combats. Interventions publiques,* choix de textes et présentation d'Yvan Lamonde et Claude Larin, Montréal, Fides, 1998, p. 656-662.

LAMONDE, Yvan, *Signé Papineau. La correspondance d'un exilé*, Montréal, Presses de l'Université de Montréal, 2009, 288 p. (contient une mise à jour de la bibliographie des études sur Papineau, p. 285-286).

Index

Table des matières

CRÉDITS ET REMERCIEMENTS

Les Éditions du Boréal reconnaissent l'aide financière du gouvernement du Canada par l'entremise du Fonds du livre du Canada (FLC) pour leurs activités d'édition et remercient le Conseil des Arts du Canada pour son soutien financier.

Les Éditions du Boréal sont inscrites au Programme d'aide aux entreprises du livre et de l'édition spécialisée de la SODEC et bénéficient du Programme de crédit d'impôt pour l'édition de livres du gouvernement du Québec.

En couverture : Louis-Joseph Papineau, photographie d'Albert Ferland, vers 1860. Bibliothèque et Archives nationales du Québec, P318, S1, P9.

EXTRAIT DU CATALOGUE

Ce livre a été imprimé sur du papier 100 % postconsommation,
traité sans chlore, certifié ÉcoLogo
et fabriqué dans une usine fonctionnant au biogaz.

MISE EN PAGES ET TYPOGRAPHIE :
LES ÉDITIONS DU BORÉAL

ACHEVÉ D'IMPRIMER EN SEPTEMBRE 2012
SUR LES PRESSES DE L'IMPRIMERIE GAUVIN
À GATINEAU (QUÉBEC).